SZTUKA GOTOWANIA Z KOKTAJLAMI

100 przepisów, które pomogą Ci urozmaicić posiłki smakami batonika

Natan Zalewski

Prawa autorskie ©2023

Wszelkie prawa zastrzeżone

Żadna część tej książki nie może być wykorzystywana ani rozpowszechniana w jakiejkolwiek formie i w jakikolwiek sposób bez odpowiedniej pisemnej zgody wydawcy i właściciela praw autorskich, z wyjątkiem krótkich cytatów użytych w recenzji. Niniejsza książka nie powinna być traktowana jako substytut porady lekarskiej, prawnej lub innej porady zawodowej.

SPIS TREŚCI

SPIS TREŚCI 3
WSTĘP 6
ŚNIADANIE 7
   1. Bułeczki Margarity 8
   2. Naleśniki Piña Colada 10
   3. Babeczki Piña Colada 12
   4. Quiche z 14
   5. Piña Colada Granola 16
   6. Pudding Chia Piña Colada 18
   7. Bochenek limonkowy Margarita z polewą tequili 20
   8. Naleśniki z truskawkami Margarita 23
   9. Gofry Mimozy 26
   10. Tost francuski Piña Colada 28
   11. Mini naleśniki mimozy 30
   12. Pieczone pączki mimozy 32
   13. Piña Colada Płatki owsiane 35
   14. Pączki Margarita 37
   15. Tosty francuskie zawijane w boczek z sosem Margarita 40
   16. Czekoladowa Margarita 42
   17. Babeczki Margarita 44
PRZEKĄSKI I PRZYSTAWKI 46
   18. Kulki Margarity 47
   19. Batony limonkowej margarity 49
   20. Ciasteczka Margarita z glazurą Margarita 51
   21. Ciastka krabowe kukurydziane z masłem margarita 54
   22. Kulki energetyczne Piña Colada 56
   23. Batony Piña Colada Granola 58
   24. Przysmaki z ryżu Piña Colada i Krispie 60
   25. Koktajl z krewetek Krwawa Mary 62
   26. Kora Margarity 64
   27. Trufle Margarity 66
   28. Kawałki sernika Margarita 68
   29. Margarita Macarons 70
   30. Batony Sernikowe Piña Colada 74
DANIE GŁÓWNE **76**
   31. Margarita rybna z grilla 77

32. Tacos z krewetkami Piña Colada 79
33. Polędwiczka Wieprzowa Piña Colada 81
34. Makaron primavera Margarity 83
35. Kurczak miodowo-limonkowo-tequilowy 85
36. Łosoś smażony na patelni 87
37. Lucjan żółtoogonowy z mango 89
38. Kurczak tequila-pomarańczowy 91
39. Polędwiczka wieprzowa w tequili 93
40. Kurczaki marynowane w margaricie 95
41. Krewetki Santa fe z sosem tequila 97
42. Kababy wieprzowe Margarita 99
43. Margarita z krewetkami i kebabami warzywnymi 101
44. Tacos z krewetkami Margarita 103
45. Fajitas podawana z tequilą o wschodzie słońca 105
46. Nachosy z sosem mango-tequila 108
47. Martini Krewetki Scampi 110
48. Risotto Martini 112
49. Martini Cytrynowy Kurczak 114
50. Martini Penne alla Vodka 116
51. Krwawa Mary Makaron 118
52. Łosoś w glazurze Cosmo 120

SAŁATKI I DODATKI 122
53. Kukurydza cukrowa, sałatka jicama z tequilą 123
54. Słodkie ziemniaki 125
55. Staromodne glazurowane marchewki 127
56. Sałatka owocowa Margarita 129
57. Sałatka Owocowa z Kosmosem 131
58. Sałatka ze szpinakiem i truskawkami z dressingiem Margarita 133
59. Sałatka z łososiem Margarita 135

ZUPY 138
60. Zupa z homara Martini 139
61. Krwawa Mary Chili 141
62. Zupa z batatów i tequili 143
63. Pikantna zupa pomidorowa z tequilą i limonką 145
64. Meksykańska zupa z ciecierzycy Margarita 147
65. Zupa Tortilla z Grillowanym Kurczakiem i Tequilą Crema 150
66. Krwawa Mary Gazpacho 153
67. Margarita Pozole 155

DESERY 158

68. Ciasto Margarita 159
69. Mrożone ciasto margarita truskawkowa 161
70. Sorbet kosmopolityczny 163
71. Sernik Margarita 165
72. Mimoza Macarons 167
73. Staromodny budyń chlebowy 170
74. Lody mimozowe 172
75. Margarita pot de crème 174
76. Mus truskawkowy margarita 176
77. Hiszpańskie ciasto migdałowe z tequilą 178
78. Kremy Margarita z mango i pasją 181
79. Sernik Piña Colada 183
80. Lody Margarita bez ubijania 185
81. Klasyczny tort mimozowy 187
82. Babeczki Mimozy 191
83. Ciasto Margarita w Słoiczkach 193
84. Piña Colada Granita 196
85. Piña colada miękka 198
86. Babeczki Piña Colada 200
87. Lody 202
88. Ciasto lody bezowe Piña Colada 204
89. Sernik Piña Colada bez pieczenia 206
90. Piña Colada Panna Cotta z limonką i ananasem 208
91. Piña colada głupiec 211

PRZYPRAWY **213**
92. Sos BBQ Krwawa Mary 214
93. Staromodna marynata do steków 216
94. Sos grejpfrutowy margarita 218
95. Salsa Krwawej Mary 220
96. Sos sałatkowy z dodatkiem Cosmo 222
97. Salsa jalapeno margarita 224
98. Kompot z jagodami Martini 226
99. Tapenada Oliwkowa Martini 228
100. Staromodny sos wiśniowy 230

WNIOSEK **232**

WSTĘP

Witamy w Sztuka gotowania z koktajlami, kulinarnej podróży, podczas której odkrywamy fuzję miksologii i gastronomii. W tej książce kucharskiej pokażemy Ci, jak zamienić swoją kuchnię w scenę niezwykłej zabawy smaków, gdzie koktajle to nie tylko napoje, ale sekretne składniki, które zmieniają zwykłe posiłki w niezwykłe doznania kulinarne.

Świat koktajli to kraina kreatywności, wyrafinowania i przyjemności. Nie chodzi tylko o wypicie drinka? chodzi o delektowanie się smakami, aromatami i historiami stojącymi za każdą libacją. Włączając te wspaniałe mikstury do swojej kuchni, masz zamiar rozpocząć epicką przygodę, która pobudzi Twoje kubki smakowe i rozpali Twoją pasję zarówno do jedzenia, jak i koktajli.

Ta książka kucharska przedstawia wyselekcjonowaną kolekcję 100 przepisów, z których każdy został starannie opracowany, aby harmonizować z tętniącym życiem i różnorodnym światem koktajli. Od pikantnych dań, które zawierają głębię whisky i nutę cytrusów, po słodkie przysmaki wzmocnione subtelnymi niuansami ginu i ziół – omówiliśmy wszystko. Niezależnie od tego, czy jesteś doświadczonym szefem kuchni, czy początkującym kucharzem domowym, te przepisy zainspirują Twoją kulinarną kreatywność i wyniosą Twoje posiłki na nowy poziom.

Wejdźmy więc do kuchni, załóżmy fartuchy i wznieśmy toast za wspaniałą podróż, która nas czeka. Nadszedł czas, aby dodać do swojej kuchni szyku i finezji barowej.

ŚNIADANIE

1. Bułeczki Margarity

SKŁADNIKI:
- 2 szklanki mąki
- 1/2 szklanki cukru
- 3 łyżeczki proszku do pieczenia
- 1 łyżeczka grubej soli
- 1/2 szklanki lodowatego masła, pokrojonego na małe kawałki
- 4 krople olejku limonkowego
- 2 krople olejku cytrynowego
- 1/4 szklanki mieszanki margarity
- 1/4 szklanki gęstej śmietanki
- 2 jajka

INSTRUKCJE:
a) W średniej misce wymieszaj mąkę, cukier, proszek do pieczenia i sól.
b) Pokrój zimne masło za pomocą noża do ciasta, aż będzie przypominało grube okruchy.
c) Wymieszaj mieszankę Margarita i ciężką śmietaną z olejem limonkowym i pomarańczowym wraz z jajkami.
d) Zmieszaj mokre składniki z suchymi, aż się połączą.
e) Rozwałkuj ciasto na lekko posypanej mąką powierzchni.
f) Ciasto pokroić w pożądany kształt
g) Ułóż scones na wyłożonej pergaminem blasze do pieczenia
h) Piec w temperaturze 400 stopni przez 10 minut.

2.Naleśniki z pina colą

SKŁADNIKI:
- 1 szklanka mąki orkiszowej
- ½ łyżeczki proszku do pieczenia
- ½ łyżeczki sody oczyszczonej
- ¾ szklanki zwykłego jogurtu greckiego
- ½ szklanki + 2 łyżki pełnotłustego mleka kokosowego z puszki
- 1 duże jajko
- 2 łyżki syropu klonowego
- 1 łyżeczka ekstraktu waniliowego
- ½ szklanki drobno pokrojonego ananasa

INSTRUKCJE:
a) Do miski dodać mąkę, proszek do pieczenia i sodę oczyszczoną i wymieszać do połączenia.
b) W drugiej misce wymieszaj jogurt, mleko kokosowe, jajko, syrop klonowy i wanilię, aż dokładnie się połączą.
c) Do suchych składników dodać mokre i wymieszać do dokładnego połączenia.
d) Gdy wszystko się połączy, dodaj ananasa.
e) Pozwól ciastu odpocząć przez 2 do 3 minut. Dzięki temu wszystkie składniki dobrze się połączą i ciasto będzie miało lepszą konsystencję.
f) Spryskaj patelnię lub patelnię z powłoką nieprzywierającą obficie olejem roślinnym i podgrzej na średnim ogniu.
g) Gdy patelnia będzie gorąca, dodaj ciasto za pomocą miarki o pojemności ¼ szklanki i wlej ciasto na patelnię, aby zrobić naleśnik. Użyj miarki, aby uformować naleśnik.
h) Smaż, aż boki będą gotowe, a na środku pojawią się bąbelki (około 2 do 3 minut), a następnie obróć naleśnik.
i) Gdy naleśnik będzie już upieczony z tej strony, zdejmij go z ognia i połóż na talerzu.
j) Kontynuuj te kroki z resztą ciasta.

3.Muffinki Pina Colada

SKŁADNIKI:
- 2 filiżanki mąki uniwersalnej
- 1/2 szklanki cukru
- 1 łyżka proszku do pieczenia
- 1/4 łyżeczki soli
- 1/2 szklanki mleka kokosowego
- 1/2 szklanki soku ananasowego
- 1/4 szklanki oleju roślinnego
- 1 jajko
- 1 szklanka pokrojonego w kostkę ananasa
- 1/2 szklanki wiórków kokosowych

INSTRUKCJE:
a) Rozgrzej piekarnik do 190°C i wyłóż formę do muffinów papierowymi papilotkami.
b) W misce wymieszaj mąkę, cukier, proszek do pieczenia i sól.
c) W drugiej misce wymieszaj mleko kokosowe, sok ananasowy, olej roślinny i jajko.
d) Wlać mokre składniki do suchych składników i mieszaj aż do połączenia.
e) Dodaj pokrojony w kostkę ananas i wiórki kokosowe.
f) Przełóż ciasto do przygotowanej formy na muffiny, wypełniając każdą miskę do około 2/3 wysokości.
g) Piec 20-25 minut, aż wykałaczka wbita w środek muffinki będzie sucha.
h) Pozostaw muffinki do ostygnięcia w formie na 5 minut, a następnie przenieś je na metalową kratkę, aby całkowicie ostygły.

4.Quiche z Krwawą Mary Brunch

SKŁADNIKI:
- 1 przygotowany spód ciasta
- 4 duże jajka
- 1 szklanka mieszanki Krwawej Mary
- 1 szklanka startego sera cheddar
- 1/2 szklanki pokrojonego w kostkę gotowanego boczku
- 1/4 szklanki posiekanej zielonej cebuli
- Sól i pieprz do smaku

INSTRUKCJE:
a) Rozgrzej piekarnik zgodnie z instrukcją na spodzie ciasta.
b) W misce wymieszaj jajka i mieszankę Krwawej Mary.
c) Wymieszaj ser cheddar, bekon i zieloną cebulę.
d) Doprawić solą i pieprzem.
e) Wlać mieszaninę do przygotowanego ciasta.
f) Piec zgodnie z instrukcją na spodzie ciasta lub do momentu, aż quiche stwardnieje i lekko się zarumieni.

5. Piña Colada

SKŁADNIKI:
- 3 szklanki płatków owsianych
- 1/2 szklanki wiórków kokosowych
- 1/2 szklanki posiekanych migdałów
- 1/4 szklanki miodu
- 1/4 szklanki oleju kokosowego
- 1/4 szklanki soku ananasowego
- 1 łyżeczka ekstraktu waniliowego
- 1/2 szklanki suszonego ananasa

INSTRUKCJE:
a) Rozgrzej piekarnik do 160°C i wyłóż blachę do pieczenia papierem pergaminowym.
b) W misce wymieszaj płatki owsiane, wiórki kokosowe i posiekane migdały.
c) W drugiej misce wymieszaj miód, olej kokosowy, sok ananasowy i ekstrakt waniliowy.
d) Wlać mokre składniki do suchych i mieszać, aż dobrze je pokryją.
e) Rozłóż mieszaninę na przygotowanej blasze do pieczenia i piecz przez 20-25 minut, mieszając od czasu do czasu, aż uzyskasz złoty kolor.
f) Pozostaw granolę do ostygnięcia na blasze do pieczenia na 10 minut, a następnie dodaj suszony ananas.
g) Przechowuj granolę w szczelnym pojemniku.

6. Pudding Chia Piña Colada

SKŁADNIKI
- 1/4 szklanki nasion chia
- 1 szklanka mleka kokosowego
- 1/4 szklanki soku ananasowego
- 1 łyżka miodu
- 1/4 łyżeczki ekstraktu waniliowego
- Dodatki: plasterki ananasa, wiórki kokosowe

INSTRUKCJE
a) W misce wymieszaj nasiona chia, mleko kokosowe, sok ananasowy, miód i ekstrakt waniliowy.
b) Przykryj miskę folią i wstaw do lodówki na co najmniej 2 godziny lub na noc.
c) Do podania posyp pokrojonym ananasem i wiórkami kokosowymi.

7.Bochenek limonkowy Margarita z glazurą tequili

Ilość: 8 porcji

SKŁADNIKI
NA SZYBKI CHLEB
- 3 limonki wystarczą na 1/4 szklanki soku i 2 łyżki skórki
- 2-1/2 szklanki mąki uniwersalnej
- 1 łyżeczka proszku do pieczenia
- 1/2 łyżeczki sody oczyszczonej
- 3/4 szklanki cukru
- 1/2 szklanki niesolonego, miękkiego masła
- 2 jajka
- 1/4 szklanki maślanki
- Szczypta soli

DO SZKLIWY
- 1 szklanka cukru
- 3/4 szklanki wody
- 1/4 szklanki tequili

INSTRUKCJE
a) Rozgrzej piekarnik do 350° F. Nasmaruj formę do pieczenia chleba o wymiarach 9" x 5".
b) Umyj i otrzyj skórkę z jednej limonki (lub więcej) na 2 łyżki skórki. Wyciśnij sok z limonki, aby otrzymać 1/4 szklanki świeżego soku z limonki.
c) W dużej misce wymieszaj mąkę uniwersalną, proszek do pieczenia, sodę oczyszczoną i sól.
d) W drugiej misce utrzyj masło z cukrem na jasną i puszystą masę. Dodawaj jajka, jedno po drugim, ubijaj przez 30 sekund po każdym dodaniu. Ubij sok z limonki, skórkę i maślankę.
e) Zrób wgłębienie na środku suchych składników i zeskrob je z mokrych składników. Mieszaj tylko do połączenia – ciasto będzie gęste.
f) Wlać do przygotowanej formy i piec przez 40 minut lub do momentu, gdy wykałaczka wbita w środek będzie czysta, a wierzch będzie złotobrązowy.
g) Pozwól ostygnąć na kratce podczas przygotowywania glazury.

DO SZKLIWY
h) W małym rondlu ustawionym na średnim ogniu wymieszaj wodę, cukier i tequilę.

i) Mieszaj, aż mieszanina się zagotuje, następnie gotuj bez mieszania przez 1-2 minuty, aż cukier się rozpuści i lukier zgęstnieje.
j) Zdejmij z ognia i odczekaj, aż będzie letni.
k) Wylać/rozsmarować na bochenku i pozostawić do stężenia. Gdy bochenek będzie ciepły, pokrój go i podawaj.

8.Truskawkowe Naleśniki Margarita

Na: około 24 naleśniki

SKŁADNIKI
- 2 szklanki mąki samorosnącej
- 1/2 szklanki granulowanego białego cukru
- 1/4 szklanki mleka
- 1/3 szklanki oleju roślinnego
- 3 jajka
- 2 łyżki czerwonego barwnika spożywczego
- 2 łyżki czystego ekstraktu z truskawek
- 1 łyżeczka ekstraktu waniliowego
- 1 szklanka srebrnej tequili
- 1 litr truskawek, opłukanych i pokrojonych w plasterki
- Bita śmietana, do dekoracji
- Różowa posypka cukrowa do dekoracji
- Skórka otarta z 1 limonki, do dekoracji
- Syrop limonkowy, przepis poniżej

SYROP LIMONKOWY:
- 6 łyżek soku z limonki
- 1 szklanka cukru pudru

INSTRUKCJE
a) Wymieszaj mąkę i cukier.
b) Wlać olej, mleko i jajka. Dodać barwnik spożywczy oraz ekstrakty i dobrze wymieszać. Wmieszaj tequilę.
c) Rozgrzej patelnię do 300 stopni F. Upuść ciasto dużą łyżką na patelnię. Kiedy na wierzchu naleśników zaczną pojawiać się bąbelki, dodaj 1–2 plasterki truskawek na wierzch każdego naleśnika, a następnie odwróć.
d) Gotuj przez dodatkowe 30 sekund do 1 minuty, a następnie wyjmij i ułóż naleśniki truskawkową stroną do góry na woskowanym papierze, aby ostygły.
e) Ułóż je w ten sposób (do góry nogami!), aby wyeksponować świeże truskawki.
f) Udekoruj naleśniki bitą śmietaną, posypką z różowego cukru, skórką z limonki i syropem limonkowym.

SYROP LIMONKOWY:
g) Połącz cukier puder i sok z limonki w małym garnku.
h) Doprowadź do wrzenia na średnio-małym ogniu.

i)   Po rozpuszczeniu zdjąć z ognia i ostudzić.

9.Gofry Mimozy

SKŁADNIKI:
- 2 filiżanki mąki uniwersalnej
- 2 łyżki granulowanego cukru
- 1 łyżka proszku do pieczenia
- ½ łyżeczki soli
- 2 duże jajka
- 1¾ szklanki soku pomarańczowego
- ¼ szklanki niesolonego masła, roztopionego
- ¼ szklanki szampana lub wina musującego
- Skórka z 1 pomarańczy

INSTRUKCJE:
a) W misce wymieszaj mąkę, cukier, proszek do pieczenia i sól.
b) W osobnej misce ubij jajka. Dodaj sok pomarańczowy, roztopione masło, szampana i skórkę pomarańczową. Ubijaj, aż dobrze się połączą.
c) Wlać mokre składniki do suchych i wymieszać tylko do połączenia.
d) Rozgrzej gofrownicę i lekko ją natłuść.
e) Ciasto wylewamy na rozgrzaną gofrownicę i pieczemy według instrukcji producenta.
f) Podawaj gofry mimozy posypane cukrem pudrem i plasterkami świeżej pomarańczy.

10. Tosty francuskie Piña Colada

SKŁADNIKI
- 4 kromki chleba
- 2 jajka
- 1/4 szklanki mleka kokosowego
- 1/4 szklanki soku ananasowego
- 1/4 łyżeczki ekstraktu waniliowego
- 1/4 łyżeczki mielonego cynamonu
- 1/4 szklanki wiórków kokosowych
- Masło lub olej do smażenia

INSTRUKCJE

a) W płytkim naczyniu wymieszaj jajka, mleko kokosowe, sok ananasowy, ekstrakt waniliowy i cynamon.

b) Zanurzaj każdą kromkę chleba w mieszance jajecznej, upewniając się, że jest nią posmarowana z obu stron.

c) Rozgrzej patelnię na średnim ogniu i dodaj łyżkę masła lub oleju.

d) Dodaj kromki chleba na patelnię i smaż przez 2-3 minuty z każdej strony, aż uzyskasz złoty kolor.

e) Posyp wiórkami kokosowymi wierzch tostu francuskiego i podawaj z syropem.

11. Mini stosy naleśników Mimoza

SKŁADNIKI:
NALEŚNIKI:
- 2 szklanki Bisquick Kompletna mieszanka naleśników i gofrów
- ⅔ szklanki świeżego soku pomarańczowego
- ⅔ szklanki wody

KREM SZAMPAŃSKI:
- ½ szklanki serka mascarpone
- Tarta skórka z 1 średniej pomarańczy
- 5 łyżek cukru pudru
- ½ szklanki szampana lub innego wina musującego
- ⅓ szklanki śmietany do ubijania

Dodatki:
- 4 do 6 łyżek marmolady pomarańczowej
- Skórka pomarańczowa do dekoracji

INSTRUKCJE:
a) Rozgrzej patelnię lub patelnię na średnim ogniu (375°F) i posmaruj olejem roślinnym.
b) W średniej misce ubij trzepaczką składniki na naleśniki. Łyżką stołową lub małą łyżką do lodów nakładać ciasto na gorącą patelnię, formując mini naleśniki. Smaż, aż na powierzchni pojawią się bąbelki, następnie odwróć i smaż na złoty kolor. Przenieś naleśniki na kratkę do studzenia.
c) W małej misce utrzyj serek mascarpone, skórkę pomarańczową i cukier puder za pomocą miksera elektrycznego ustawionego na średnią prędkość, aż masa będzie dobrze ubita. Zmniejsz prędkość do niskiej i delikatnie ubijaj szampana, aż będzie gładki. W innej małej misce ubijaj śmietanę na wysokich obrotach, aż powstanie sztywna piana. Za pomocą szpatułki delikatnie wymieszaj ubitą śmietanę z mascarpone.
d) Aby ułożyć stos naleśników, połóż jeden mini naleśnik na talerzu lub półmisku. Na naleśniku rozsmaruj marmoladę pomarańczową. Powtórzyć z dwoma kolejnymi naleśnikami i marmoladą. Całość posmaruj kremem szampańskim i udekoruj skórką pomarańczową.

12.Pieczone Pączki Mimozy

SKŁADNIKI:
PĄCZKI:
- 3 szklanki mąki
- 2 łyżeczki proszku do pieczenia
- ½ łyżeczki soli morskiej
- 4 jajka
- ¾ szklanki roztopionego masła
- 1 szklanka cukru
- ½ szklanki szampana
- 1 łyżeczka ekstraktu waniliowego
- Skórka i sok z 2 dużych pomarańczy pępkowych

GLAZURA:
- 6 łyżek szampana
- 2 szklanki przesianego cukru pudru
- Skórka z 1 pomarańczy

INSTRUKCJE:
a) Rozgrzej piekarnik do 350 stopni Fahrenheita (175 stopni Celsjusza). Nasmaruj formę do pączków.
b) W dużej misce wymieszaj mąkę, proszek do pieczenia, sól morską i skórkę pomarańczową.
c) W drugiej misce wymieszaj cukier, jajka, szampana, sok pomarańczowy, roztopione masło i ekstrakt waniliowy.
d) Dodaj mokre składniki do suchych i mieszaj, aż ciasto będzie gładkie i nie pozostaną suche kieszenie.
e) Ciasto przełożyć do rękawa cukierniczego lub worka strunowego z odciętym jednym rogiem. Wylej ciasto do przygotowanej formy na pączki.
f) Piecz pączki przez około 15 minut lub do momentu, aż wierzch będzie twardy w dotyku. Wierzch nie powinien być brązowy. Możesz sprawdzić spód jednego pączka, aby sprawdzić, czy się zrumienił.
g) Wyjmij pączki z formy i pozwól im ostygnąć do temperatury pokojowej.
h) W międzyczasie przygotuj lukier mieszając szampana, przesiany cukier puder i skórkę pomarańczową.
i) Gdy pączki ostygną, zanurzamy każdy z nich w polewie. Pozwól, aby lukier stwardniał, a następnie ponownie zanurz pączki, aby uzyskać podwójną glazurę.

j) Ciesz się tymi wspaniałymi pieczonymi pączkami mimozy, aromatyzowanymi świeżym sokiem pomarańczowym, skórką i musującym szampanem! Stanowią idealną przekąskę na deser lub specjalną przekąskę śniadaniową.

13.Piña Colada

SKŁADNIKI
- 1/2 szklanki płatków owsianych
- 1/2 szklanki mleka kokosowego
- 1/2 szklanki soku ananasowego
- 1/4 szklanki wiórków kokosowych
- 1 łyżka miodu
- 1/2 łyżeczki ekstraktu waniliowego
- Dodatki: plasterki ananasa, wiórki kokosowe

INSTRUKCJE
a) W misce wymieszaj płatki owsiane, mleko kokosowe, sok ananasowy, wiórki kokosowe, miód i ekstrakt waniliowy.
b) Dobrze wymieszaj i przykryj miskę folią.
c) Płatki owsiane przechowuj w lodówce przez noc.
d) Rano posyp pokrojonym ananasem i wiórkami kokosowymi.

14.Pączki Margarita

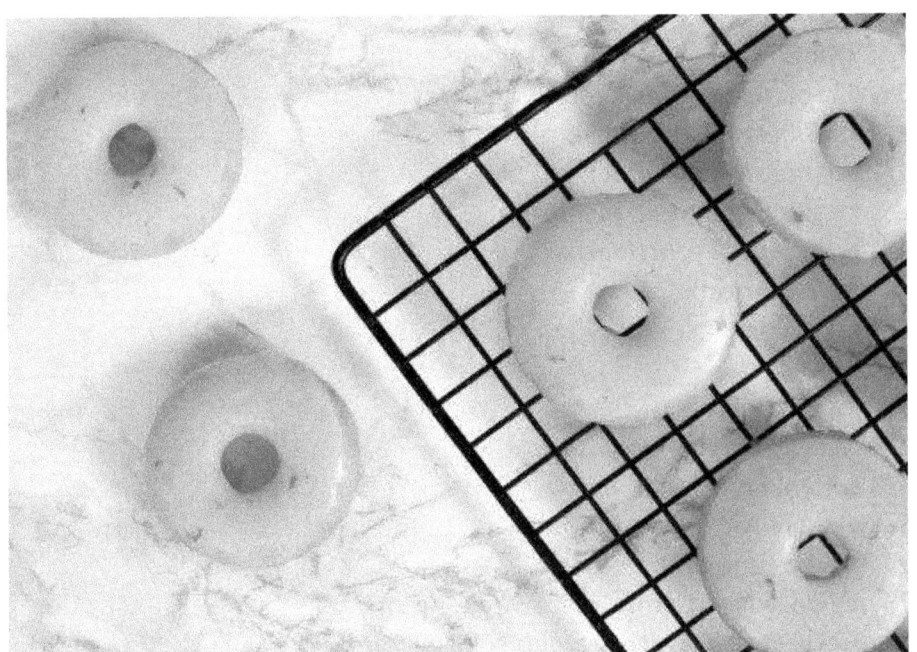

Ilość: 6 pączków

SKŁADNIKI
NA PĄCZKI:
- 3 łyżki roztopionego, niesolonego masła
- 1/2 szklanki mąki pełnoziarnistej
- 1/2 szklanki niebielonej mąki uniwersalnej
- 1 łyżeczka proszku do pieczenia
- 1/4 łyżeczki soli morskiej
- Skórka z 1 limonki
- 1/4 szklanki cukru
- 2 łyżki miodu
- 1 duże jajko
- 1/4 łyżeczki wanilii
- 1/3 szklanki maślanki

DO SZKLIWIENIA:
- 1 łyżeczka tequili
- 2 łyżeczki likieru pomarańczowego, np. triple sec
- 2 łyżeczki świeżo wyciśniętego soku z limonki
- Skórka z 1 limonki
- 2/3 szklanki cukru pudru (może być trochę więcej lub mniej)

INSTRUKCJE
NA PĄCZKI:
a) Rozgrzej piekarnik do 400°F. Spryskaj formę do pieczenia pączków nieprzywierającym sprayem do gotowania i odłóż na bok.
b) W małej misce rozpuść masło i odstaw do ostygnięcia. W międzyczasie w dużej misce wymieszaj mąkę, proszek do pieczenia, sól i skórkę z limonki. Odłożyć na bok.
c) Ubij cukier, miód, jajko i wanilię ze schłodzonym masłem, aż dobrze się połączą. Ubij maślanką. Wlać mokre składniki do suchych i wymieszać tylko do połączenia, uważając, aby nie wymieszać zbyt mocno.
d) Wlać ciasto do rękawa cukierniczego (lub plastikowego worka zapinanego na zamek z odciętym rogiem) i równomiernie wycisnąć na patelnię.
e) Piecz pączki przez 7 minut. Pozwól ostygnąć przez 1 minutę, a następnie odwróć patelnię i wyjmij pączki na kratkę do studzenia. Pozwól im całkowicie ostygnąć - około 15-20 minut.

DO SZKLIWIENIA:
f) Gdy pączki ostygną, w misce o płaskim dnie wymieszaj tequilę, likier pomarańczowy, sok z limonki i skórkę, aż do uzyskania jednolitej masy. Powoli ubijaj cukier puder, po jednej łyżce na raz, aż masa będzie gładka. Jeśli lukier jest zbyt gęsty, dodaj kolejną porcję tequili. Jeśli jest zbyt rzadkie, dodać trochę więcej cukru pudru.
g) Zanurzaj pączki w glazurze, kołysząc w przód i w tył, aby równomiernie pokryć je z jednej strony, a następnie umieść je z powrotem na kratce do studzenia, lodem do góry.
h) Pozostawić do zastygnięcia glazury, około 20 minut. Podawać prosto do góry, w dół przez właz.

15. Tosty francuskie zawijane w boczek z sosem Margarita

Ilość: 4 porcje

SKŁADNIKI
SOS:
- 4 łyżki niesolonego masła
- 1/2 szklanki syropu klonowego
- 3 łyżki gęstej śmietany
- 2 łyżki tequili
- 1/8 łyżeczki soli
- 1 łyżka soku z limonki

TOAST FRANCUSKI:
- 8 plasterków wędzonego boczku z twardego drewna
- 4 (1-calowe) kromki brioszki lub chałki
- 5 dużych jaj
- 2/3 szklanki mleka
- 1 łyżeczka ekstraktu waniliowego
- 1/8 łyżeczki soli

INSTRUKCJE
a) Rozgrzej piekarnik do 375°F.
b) Rozpuść masło w małym rondlu na średnim ogniu. Wymieszaj syrop klonowy, śmietanę, tequilę i sól. Doprowadzić do wrzenia i gotować, często mieszając, aż lekko zgęstnieje, około 5 minut. Zdjąć z ognia i wymieszać z sokiem z limonki.
c) Ułóż 2 plasterki boczku wokół boków każdej mini patelni w kształcie sprężyny, w razie potrzeby nakładając się na siebie, tak aby znajdował się tylko po bokach, a nie na dnie patelni. W razie potrzeby pokrój i przytnij kromki chleba, aby dobrze pasowały do każdej patelni z boczkiem „wokół". W misce wymieszaj jajka, mleko, wanilię i sól. Łyżką lub polej mieszaniną kromki chleba, zatrzymując się w razie potrzeby, aby płyn został wchłonięty. Odstawić na 10 minut, raz lub dwa razy nakłuwając plasterki widelcem. Formę do pieczenia ułożyć na blasze do pieczenia.
d) Piec, aż jajka się zetną, a tost francuski wyrośnie, około 23-25 minut. Zdejmij budynie chlebowe z patelni i polej je sosem i podawaj.

16.Czekoladowa Margarita

Sprawia: 1

SKŁADNIKI
- 1 szklanka lodu
- 2 uncje tequili Blanco
- 1 uncja likieru czekoladowego
- 1 uncja śmietany lub pół na pół
- 1 odrobina gorzkiej czekolady
- 1 kropla świeżo wyciśniętego soku z limonki
- 1 kropla świeżo wyciśniętego soku pomarańczowego
- Wiórki czekoladowe do dekoracji

INSTRUKCJE
a) Do blendera dodaj lód, tequilę, likier czekoladowy, śmietankę i Bitters.
b) Wyciśnij odrobinę soku z limonki i pomarańczy.
c) Mieszaj, aż będzie gładka.
d) Wlać do przygotowanej szklanki.
e) Posyp wiórkami czekoladowymi. Podawaj i ciesz się.

17.Babeczki Margarita

Ilość: 12 porcji

SKŁADNIKI:
- 2 ½ szklanki mąki uniwersalnej
- ⅓ szklanki granulowanego cukru
- 2 łyżeczki proszku do pieczenia
- 1 łyżeczka sody oczyszczonej
- 2 duże jajka
- 1 łyżka złotej tequili
- 1 łyżka Triple Sec
- 2 łyżki świeżo wyciśniętego soku z limonki
- 1 szklanka maślanki
- 1 łyżka skórki cytrynowej
- 2 łyżeczki skórki z limonki
- Sól koszerna

INSTRUKCJE:
a) Rozgrzej piekarnik do 400 stopni. Wymieszaj lub przesiej mąkę, cukier, proszek do pieczenia i sodę oczyszczoną w dużej misce. W średniej misce lekko ubij jajka. Dodać pozostałe mokre składniki i dobrze wymieszać.

b) Zrób dołek na środku suchych składników. Dodać płyny, skórkę z cytryny i skórkę z limonki. Delikatnie wymieszaj, aby wymieszać mokrą i suchą mieszaninę. Przełóż łyżką do natłuszczonych pojemników na muffinki. Wierzch muffinek lekko posyp solą koszerną. Piec przez 15 do 20 minut. Zdjąć z blaszki i ostudzić na kratce.

PRZEKĄSKI I PRZYSTAWKI

18.Kulki Margarity

Ilość: 1 porcja

SKŁADNIKI:
- 12-uncjowe opakowanie wafli waniliowych
- ½ szklanki okruchów precli
- 16-uncjowa paczka cukru cukierniczego; przesiane
- ¾ szklanki mrożonej margarity czy koncentratu limonki? rozmrożone
- Dwa 3-uncjowe opakowania serka śmietankowego
- 1 łyżeczka Tequili; lub do smaku, opcjonalnie
- 1 łyżeczka Triple Sec
- Skórka z 1 limonki, drobno starta, podzielona
- Zielony cukier dekoracyjny o pojemności 2,25 uncji
- 1 szklanka granulowanego cukru

INSTRUKCJE:
a) Połowę wafelków waniliowych włóż do miski robota kuchennego wyposażonego w ostrze noża. Proces drobnego okruchów. Usuń okruchy i zachowaj. Powtórzyć z pozostałymi wafiami.
b) Dodaj precle do robota kuchennego i zmiel na drobne okruszki, tak aby uzyskać ½ szklanki okruszków.
c) W dużej misce wymieszaj okruszki waflowe, okruchy precli, cukier puder, koncentrat margarity i serek śmietankowy. W razie potrzeby dodaj tequilę i Triple Sec. Mieszaj, aż się zmiesza. Podziel mieszaninę na pół. Każdą połówkę szczelnie owiń folią i odłóż na bok.
d) Połącz połowę startej limonki z cukrem dekoracyjnym i połowę z cukrem granulowanym na małych spodeczkach lub w małych miseczkach, mieszając, aby równomiernie rozprowadzić skórkę limonki.
e) Usuń plastik z 1 porcji ciasta i uformuj z niej 1-calowe kulki.
f) Po uformowaniu każdej kulki obtaczamy ją w zielonym lub białym cukrze. Pracuj szybko, ponieważ kulki szybko schną. Powtarzaj, aż wykorzystasz całe ciasto.
g) Przechowywać w szczelnym pojemniku w lodówce do 1 tygodnia

19.limonkowe margarita

Ilość: 28 porcji

SKŁADNIKI
- 8 uncji Drobno pokruszone precle
- ¼ szklanki) cukru
- ½ szklanki (1 kostka) masła, roztopionego, plus trochę do natłuszczenia patelni
- 28 uncji słodzonego skondensowanego mleka
- 3 Jajka, lekko ubite
- ½ szklanki świeżego soku z limonki
- 4 łyżeczki skórki z limonki

INSTRUKCJE:
a) Rozgrzej piekarnik do 350°F.
b) Wyłóż naczynie do pieczenia o wymiarach 9 x 13 cali folią aluminiową, pozwalając, aby folia zwisała nad krótszymi bokami.
c) Posmaruj folię masłem i odłóż na bok. W średniej wielkości misce wymieszaj precle, cukier i ½ szklanki masła.
d) Mocno dociśnij spód i włóż do szczelnie zamykanego pojemnika. Zamrażać.
e) Gdy będziesz gotowy do podania, po prostu usuń tyle, ile potrzeba i rozmrażaj w temperaturze pokojowej przez 30 minut.

20.Ciasteczka Margarita z glazurą Margarita

Na: 8 ciasteczek

SKŁADNIKI
Ciasteczka MARGARITA
- ½ szklanki niesolonego, miękkiego masła
- ½ szklanki cukru pudru, szczelnie zapakowane
- 1 Mąkę o wszechstronnym przeznaczeniu
- 1 duże żółtko
- ¼ łyżeczki soli
- 1 łyżka skórki z limonki
- 1 łyżka soku z limonki

GLAZA MARGARITY
- 2 łyżeczki tequili Blanco
- 1 łyżeczka soku z limonki
- ¼ do ½ szklanki cukru pudru
- dodatkowa skórka z limonki do dekoracji

INSTRUKCJE
Ciasteczka MARGARITA
a) W dużej misce użyj miksera ręcznego ustawionego na średnią prędkość, aby połączyć masło i cukier.
b) Dodaj mąkę i sól i wymieszaj mikserem ręcznym na średnich obrotach.
c) Dodaj żółtko i sok z limonki i wymieszaj mikserem ręcznym na niskich obrotach.
d) Dodać skórkę z limonki.
e) Za pomocą dużej łyżki do ciastek lub zwilżonych rąk uformuj z ciasta 8 okrągłych ciasteczek i ułóż je na wyłożonej papierem blasze do pieczenia, pozostawiając co najmniej centymetrową przestrzeń pomiędzy każdym ciasteczkiem.
f) Włóż blachę z ciasteczkami do zamrażarki, aby zastygła na 30 minut.
g) Rozgrzej piekarnik do 325°F.
h) Piecz ciasteczka przez 14-16 minut, aż zewnętrzne krawędzie zaczną się rumienić.
i) Przed dodaniem glazury poczekaj, aż ciasteczka całkowicie ostygną.

GLAZA MARGARITY
j) Do dużej miski dodaj tequilę i 1 łyżeczkę soku z limonki.
k) Mikserem ręcznym na niskich obrotach dodaj 1/4 szklanki cukru pudru. Nie wyłączaj miksera i kontynuuj dodawanie cukru pudru, około 1

łyżki na raz, sprawdzając w miarę upływu czasu konsystencję. Będziesz wiedzieć, że dodałeś odpowiednią ilość cukru, gdy lukier będzie na tyle gęsty, że powoli ścieka z łyżki.

l) Gdy ciasteczka ostygną, posmaruj je glazurą i dodaj trochę skórki z limonki, aby uzyskać zabawne i pachnące wykończenie!

21.Kukurydziane placki krabowe z masłem margarita

Ilość: 1 porcja

SKŁADNIKI:
- 2 funty mięsa kraba? wyczyszczony
- 2 łyżki musztardy
- 2 łyżeczki sosu Worcestershire
- ½ łyżeczki pieprzu cayenne
- 1 szklanka bułki tartej
- 1 szklanka majonezu
- 2 papryczki Serrano; posiekane i pokrojone w kostkę
- ½ szklanki prażonej kukurydzy
- ½ czerwonej papryki; pokrojone w kostkę
- ½ czerwonej cebuli; pokrojone w kostkę
- 2 łyżki świeżej kolendry; mielony
- Sól i pieprz
- 1 szklanka bulionu z kurczaka
- ½ szklanki tequili
- ¼ szklanki soku z limonki
- 1 szklanka białego wina
- ¼ szklanki gęstej śmietanki
- 2 funty niesolonego masła
- Sól i biały pieprz

INSTRUKCJE:
CIASTECZKA KRABOWE
a) Upiecz kukurydzę w piekarniku.
b) Połącz wszystkie składniki oprócz majonezu, musztardy i mięsa kraba i dobrze wymieszaj.
c) Dodać mięso krabowe i wymieszać z musztardą i majonezem. Formować placki i smażyć na patelni.
MASŁO MARGARITA
d) Połącz wszystkie płyny w dużym garnku i zredukuj do jednej czwartej objętości.
e) Masło pokroić na jednocalowe kwadraty i dodawać po dwie kostki do płynu, ciągle mieszając.
f) W blenderze pulsuj trzy do pięciu razy, aż uzyskasz emulsję. Sól i pieprz do smaku.

22. Kulki energetyczne Piña Colada

SKŁADNIKI
- 1 szklanka daktyli Medjool, bez pestek
- 1 szklanka niesłodzonych wiórków kokosowych
- 1/2 szklanki orzechów nerkowca
- 1/4 szklanki kawałków ananasa
- 1/4 szklanki soku ananasowego
- 1/2 łyżeczki ekstraktu waniliowego
- Szczypta soli

INSTRUKCJE

a) W robocie kuchennym zmiksuj daktyle, wiórki kokosowe, orzechy nerkowca, kawałki ananasa, sok ananasowy, ekstrakt waniliowy i sól, aż powstanie lepkie ciasto.
b) Rozwałkuj ciasto na małe kulki.
c) Kulki energetyczne przechowuj w lodówce do 1 tygodnia.

23.Batony Piña Colada z granolą

SKŁADNIKI

- 2 szklanki płatków owsianych
- 1/2 szklanki niesłodzonych wiórków kokosowych
- 1/4 szklanki orzechów nerkowca
- 1/4 szklanki migdałów
- 1/4 szklanki miodu
- 1/4 szklanki oleju kokosowego
- 1/4 szklanki soku ananasowego
- 1/4 szklanki kawałków ananasa
- 1 łyżeczka ekstraktu waniliowego

INSTRUKCJE

a) Rozgrzej piekarnik do 350°F.
b) Wyłóż naczynie do pieczenia papierem pergaminowym.
c) W dużej misce wymieszaj płatki owsiane, wiórki kokosowe, orzechy nerkowca i migdały.
d) W osobnej misce wymieszaj miód, olej kokosowy, sok ananasowy, kawałki ananasa i ekstrakt waniliowy.
e) Wlać mokre składniki do suchych i wymieszać, aż dobrze się połączą.
f) Powstałą masę wlać do przygotowanej formy do pieczenia i mocno docisnąć.
g) Piec przez 20-25 minut, aż uzyska złoty kolor.
h) Przed pocięciem batoników granoli na kwadraty poczekaj, aż batoniki granoli ostygną.

24.Przysmaki z ryżu Piña Colada i Krispie

SKŁADNIKI
- 6 szklanek płatków Rice Krispie
- 1/4 szklanki niesolonego masła
- 1/4 szklanki miodu
- 1/4 szklanki niesłodzonych wiórków kokosowych
- 1/4 szklanki soku ananasowego
- 1/4 szklanki kawałków ananasa

INSTRUKCJE

a) W dużym rondlu roztapiamy masło na małym ogniu.

b) Dodaj miód, wiórki kokosowe, sok ananasowy i kawałki ananasa do rondla i mieszaj, aż dobrze się połączą.

c) Dodaj płatki Rice Krispie do rondla i mieszaj, aż płatki pokryją się mieszanką.

d) Wlać mieszaninę do natłuszczonej formy do pieczenia o wymiarach 9 x 13 cali i mocno docisnąć.

e) Przed pocięciem na kwadraty poczekaj, aż mieszanina ostygnie.

25.Krwawy koktajl z krewetek Mary

SKŁADNIKI:
- 1 funt dużych gotowanych krewetek
- 1 szklanka mieszanki Krwawej Mary
- 2 łyżki chrzanu
- 1 łyżka soku z cytryny
- Paluszki selera i ćwiartki cytryny do dekoracji

INSTRUKCJE:
a) W misce połącz mieszankę Krwawej Mary, chrzanu i soku z cytryny.
b) Podawaj krewetki z sosem koktajlowym Bloody Mary do maczania.
c) Udekoruj paluszkami selera i cząstkami cytryny.

26. Margarita Bark

SKŁADNIKI
- 8 uncji torebkę białych cukierków topi się
- 8 uncji, torebka Lime Green Candy Melts
- 2 łyżki tequili
- 1 łyżka słodzonego soku z limonki
- Musujący cukier

INSTRUKCJE

a) Połóż kawałek papieru pergaminowego na blasze do pieczenia.

b) Dodaj 2 łyżki tequili do roztopionych białych cukierków PRZED rozpuszczeniem. Dzięki temu czekolada się nie zatnie.

c) Następnie rozpuść białe cukierki zgodnie z instrukcją, w kuchence mikrofalowej lub na płycie kuchennej. Ten garnek z cukierkami Wilton też jest świetny!

d) Rozpuść cukierki limonkowo-zielone, jednocześnie topiąc się, dodając przed rozpuszczeniem 1 łyżkę stołową słodzonego soku z limonki.

e) Na pergamin wylej białą czekoladę i wygładź ją nożem lub szpatułką. Na wierzch białej czekolady wlać roztopione cukierki w kolorze limonkowo-zielonym. Za pomocą noża wykonaj zawijasy – ja lubię kilka razy wykonać figurę 8.

f) Posyp czekoladę cukrem musującym. Szybko twardnieje, więc pracuj szybko!

g) Włożyć do lodówki, aż całkowicie stwardnieje.

h) Podziel na kawałki, podawaj i ciesz się smakiem! To jest tylko dla dorosłych!

27.Trufle Margarity

Na: 24 trufle

SKŁADNIKI
- ¼ szklanki ciężkiej śmietany do ubijania
- ¼ szklanki słodzonego skondensowanego mleka
- 4 łyżki skórki z limonki
- 2 ¼ szklanki kawałków białej czekolady
- 4 łyżki tequili
- 1 łyżka niesolonego masła, zmiękczonego
- 2 szklanki pokruszonych krakersów graham

INSTRUKCJE
a) Używając dużej miski, połącz ciężką śmietankę do ubijania, słodzone mleko skondensowane, skórkę z limonki, tequilę i kawałki czekolady.
b) Przed ubijaniem włóż do kuchenki mikrofalowej na 1 minutę i 30 sekund.
c) Włóż ponownie do kuchenki mikrofalowej na kolejną minutę i ponownie wymieszaj, aż masa się rozpuści i będzie gładka.
d) Przykryj folią spożywczą, włóż do lodówki i poczekaj, aż stwardnieje.
e) Za pomocą łyżki wydrąż kilka trufli i zwiń je w kulkę.
f) Obtocz truflę w pokruszonym krakersie graham.
g) Powtarzaj tę czynność, aż całe ciasto truflowe zostanie zwinięte w małe kulki.

28. Kawałki sernika Margarita

Robi: 16

SKŁADNIKI
- 1 1/2 szklanki pokruszonych precli
- 1/2 szklanki niesolonego masła, roztopionego
- 3 łyżki cukier granulowany
- 16 uncji. serek śmietankowy zmiękczony
- 1 szklanka cukru pudru
- Wycisnąć sok i skórkę z 1 limonki, zachowując trochę skórki do posypania
- 2 łyżki stołowe. Tequila
- 1 łyżeczka. czysty ekstrakt z wanilli
- 1 szczypta soli koszernej

INSTRUKCJE
a) Wyłóż naczynie do pieczenia o wymiarach 9 x 9 cali dwoma paskami papieru pergaminowego, pozostawiając zwis.
b) W dużej misce wymieszaj precle, masło i cukier granulowany, aż się połączą. Rozłóż równą warstwę na dnie naczynia do pieczenia. Zamrażaj przez 10 minut.
c) W międzyczasie w dużej misce za pomocą ręcznego miksera ubijaj serek śmietankowy i cukier puder, aż masa będzie jasna i puszysta. Następnie wymieszaj sok i skórkę z limonki, tequilę, wanilię i sól, aż masa będzie kremowa i gładka. Rozłóż równomiernie na wierzchu ciasta z preclami. Posyp większą ilością skórki z limonki.
d) Zamrażaj aż do zestalenia, około 1 godziny dłużej. Gdy ciasto będzie już twarde, wyjmij je z naczynia do pieczenia i pokrój na 16 kawałków wielkości kęsa. Przechowywać w zamrażarce do momentu podania.

29. Macarons Margarity

Na około 25 makaroników

SKŁADNIKI
MUSZKI MAKARONOWE
- 1 1/2 szklanki cukru pudru
- 1 szklanka + 2 łyżki mąki migdałowej
- 3 białka jaj
- 1/2 szklanki cukru
- Zielony barwnik spożywczy
- Sól

NADZIENIE MARGARITA
- 1/2 szklanki niesolonego masła, temperatura pokojowa
- 1 1/3 szklanki cukru pudru
- 1 łyżeczka soku z limonki
- 1-2 łyżeczki skórki z limonki
- 1 łyżka tequili
- 1/8 łyżeczki soli

INSTRUKCJE
DLA MUSZLI:
a) Rozgrzej piekarnik do 325 stopni.
b) Przygotuj rękaw do wyciskania z okrągłą końcówką i otworem około 1/4 cala oraz blachę do pieczenia wyłożoną papierem pergaminowym.
c) W średniej misce przesiej mąkę migdałową i cukier puder. Odłożyć na bok.
d) W mikserze stacjonarnym z końcówką do ubijania ubijaj białka z dużą prędkością, aż utworzą się miękkie szczyty.
e) Zmniejsz prędkość miksera do średniej i dodaj cukier.
f) Ponownie ustaw mikser na najwyższe obroty i ubijaj, aż utworzy się sztywna piana.
g) Mieszając nadal na wysokich obrotach, dodawaj po kilka kropel barwnika spożywczego, aż uzyskasz pożądany kolor.
h) Zdejmij misę z miksera i dodaj mieszankę mąki migdałowej z cukrem.
i) Używając gumowej szpatułki, energicznie wymieszaj suche składniki, aż ciasto zacznie się rozluźniać i stanie się lekko rzadkie.
j) Aby sprawdzić, czy ciasto jest gotowe, wyjmij niewielką ilość ciasta z miski i wrzuć je z powrotem do ciasta. Jeśli to nic nie da, mieszaj dalej. Jeżeli po 20-30 sekundach powoli wtapia się w ciasto, ciasto jest gotowe.

k) Ciasto przełożyć do przygotowanej rękawa cukierniczego, a resztę ciasta przykryć folią spożywczą.
l) Wyciskaj kółka o średnicy 1 1/2 cala na przygotowaną blachę do pieczenia i mocno uderzaj w dno blachy, aby ciasto się spłaszczyło.
m) Dodaj szczyptę grubej soli na wierzch każdego makaronika.
n) Powtórz proces z pozostałym ciastem.
o) Pozwól makaronikom odpocząć przez 30–45 minut lub do momentu, aż utworzą skórkę.
p) Piec przez 10-12 minut lub do momentu, aż się zetną.
q) Pozwól im ostygnąć, zanim zdejmiesz je z pergaminu.

DO WYPEŁNIENIA:
r) W mikserze z końcówką do trzepaczki utrzyj masło na wysokich obrotach, aż masa będzie jasna i gładka.
s) Zmniejsz prędkość do niskiej i dodaj cukier puder. Mieszaj aż do całkowitego włączenia.
t) Dodaj sok z limonki, skórkę, tequilę i sól i mieszaj na dużej prędkości, aż masa będzie jasna i puszysta (2-3 minuty).
u) Montaż
v) Makaroniki zdejmij z papieru pergaminowego i dopasuj według wielkości.
w) Napełnij rękaw cukierniczy z okrągłą końcówką kremem maślanym i wyciśnij porcję na połówkę pary ciasteczek.
x) Wspólne ciasteczka kanapkowe.

30.Batony Sernikowe Pina Colada

SKŁADNIKI

- 2 szklanki okruszków krakersów graham
- 1/2 szklanki niesolonego masła, roztopionego
- 3 łyżki granulowanego cukru
- 16 uncji serka śmietankowego, zmiękczonego
- 1 szklanka granulowanego cukru
- 1/4 szklanki soku ananasowego
- 1/4 szklanki mleka kokosowego
- 1/4 szklanki wiórków kokosowych
- 4 jajka
- 1/2 szklanki kawałków ananasa

INSTRUKCJE

a) Rozgrzej piekarnik do 350°F.
b) W misce wymieszaj okruchy krakersów graham, roztopione masło i 3 łyżki cukru.
c) Wciśnij mieszaninę do natłuszczonej formy do pieczenia o wymiarach 9 x 13 cali.
d) W osobnej misce ubić serek śmietankowy z 1 szklanką cukru na gładką masę.
e) Dodaj sok ananasowy, mleko kokosowe i wiórki kokosowe do miski miksującej i mieszaj, aż składniki dobrze się połączą.
f) Do miski dodawaj jajka, jedno po drugim i mieszaj, aż składniki dobrze się połączą.
g) Powstałą mieszaniną wylej ciasto na spód naczynia do pieczenia.
h) Całość posypujemy kawałkami ananasa.
i) Piec 35-40 minut, aż sernik się zetnie.
j) Przed pokrojeniem na batoniki poczekaj, aż sernik ostygnie.

DANIE GŁÓWNE

31.Margarita rybna z grilla

Ilość: 4 porcje

SKŁADNIKI:
- 1,5 kg filetów rybnych
- ⅓ szklanki tequili, białej lub złotej
- ½ szklanki Triple sec
- ¾ szklanki soku z limonki
- 1 łyżeczka soli
- 2 ½ ząbków czosnku, zmiażdżonych
- 1 łyżka oleju roślinnego
- 3 Pomidory, pokrojone w średnią kostkę
- 1 cebula, drobno posiekana
- 1 łyżka Jalapenos, posiekana
- 2 łyżki kolendry, świeżej, posiekanej
- 1 szczypta cukru
- 1 pieprz

INSTRUKCJE:
a) Umieść rybę w naczyniu niealuminiowym, wystarczająco dużym, aby pomieścić ją w jednej warstwie.
b) Połącz tequilę, triple sec, sok z limonki, sól, czosnek i 2 t oleju i polej rybę, nacierając ją całą. Przykryj i marynuj przez pół godziny w temperaturze pokojowej lub do 3 godzin w lodówce, od czasu do czasu obracając. Tuż przed podaniem wymieszaj pomidory, cebulę, chilli, kolendrę, cukier i sól do smaku. Rozgrzej grill do BARDZO gorącego.
c) Wyjąć rybę z marynaty, osuszyć, lekko posmarować 1 t oleju i zmiażdżyć powierzchnię pieprzem. Smażyć na natłuszczonym grillu przez około 4 minuty z każdej strony lub do momentu, aż miąższ stanie się nieprzezroczysty.
d) W międzyczasie gotuj marynatę w rondlu przez 2 minuty, wyjmij i wyrzuć ząbki czosnku i połóż odrobinę na rybie. Połóż obok salsę pomidorową i podawaj.

32.Tacos z krewetkami Piña Colada

SKŁADNIKI
- 1 funt dużych krewetek, obranych i oczyszczonych
- 1/4 szklanki soku ananasowego
- 1/4 szklanki mleka kokosowego
- 1 łyżka ciemnego rumu
- 1 łyżka oliwy z oliwek
- 1/2 łyżeczki mielonego kminku
- 1/2 łyżeczki papryki
- 1/2 łyżeczki sproszkowanego czosnku
- 1/2 łyżeczki soli
- 1/4 łyżeczki czarnego pieprzu
- Tortille kukurydziane
- Rozdrobniona kapusta
- Kawałki ananasa
- Niesłodzone wiórki kokosowe
- Kolendra do dekoracji

INSTRUKCJE
a) W misce wymieszaj sok ananasowy, mleko kokosowe, ciemny rum, oliwę z oliwek, kminek, paprykę, czosnek w proszku, sól i czarny pieprz.
b) Do miski miksującej dodać krewetki i wymieszać.
c) Przykryj miskę i marynuj w lodówce przez co najmniej 30 minut.
d) Rozgrzej grill na średnio-wysokim ogniu.
e) Grilluj krewetki przez 2-3 minuty z każdej strony, aż będą różowe i ugotowane.
f) Podgrzej tortille kukurydziane na grillu.
g) Aby złożyć tacos, do każdej tortilli dodaj posiekaną kapustę i grillowane krewetki.
h) Na wierzch połóż kawałki ananasa, niesłodzone wiórki kokosowe i kolendrę.
i) Natychmiast podawaj.

33.Polędwiczka Wieprzowa Piña Colada

SKŁADNIKI

- 2 funty polędwicy wieprzowej
- 1/2 szklanki soku ananasowego
- 1/2 szklanki mleka kokosowego
- 1/4 szklanki ciemnego rumu
- 1/4 szklanki brązowego cukru
- 1/4 szklanki sosu sojowego
- 1 łyżka soku z limonki
- 1 łyżka oliwy z oliwek
- 1/2 łyżeczki soli
- 1/4 łyżeczki czarnego pieprzu
- Kawałki ananasa i niesłodzone wiórki kokosowe do dekoracji

INSTRUKCJE

a) W misce wymieszaj sok ananasowy, mleko kokosowe, ciemny rum, brązowy cukier, sos sojowy, sok z limonki, oliwę z oliwek, sól i czarny pieprz.

b) Umieść polędwiczkę wieprzową w dużej zamykanej plastikowej torbie i zalej wieprzowinę marynatą.

c) Zakręć torebkę i marynuj w lodówce przez co najmniej 2 godziny, a najlepiej przez całą noc.

d) Rozgrzej piekarnik do 190°C (375°F).

e) Wyjmij wieprzowinę z marynaty i wylej marynatę.

f) Rozgrzej dużą patelnię nadającą się do pieczenia w piekarniku na średnim ogniu i dodaj 1 łyżkę oliwy z oliwek.

g) Obsmaż polędwicę wieprzową ze wszystkich stron na złoty kolor, około 5 minut.

h) Przenieś patelnię do piekarnika i piecz przez 20-25 minut, aż wewnętrzna temperatura wieprzowiny osiągnie 63°C.

i) Przed pokrojeniem wieprzowinę należy pozostawić na 5–10 minut.

j) Podawać z kawałkami ananasa i niesłodzonymi wiórkami kokosowymi do dekoracji.

34. Makaron Primavera Margarity

Ilość: 4 porcje

SKŁADNIKI:
- 1 szklanka niskotłuszczowego twarogu
- 1 łyżka świeżego soku z cytryny
- 8 uncji cienkiego spaghetti
- 1 łyżka dopuszczalnego oleju roślinnego
- ¼ szklanki posiekanej szalotki
- ½ szklanki posiekanej cebuli
- 1 ząbek czosnku, posiekany
- ¼ łyżeczki świeżo zmielonego czarnego pieprzu,
- Lub do smaku
- 2 szklanki pokrojonych w plasterki świeżych grzybów
- 1 szklanka pokrojonej zielonej papryki
- 1 ½ szklanki pokrojonej marchewki
- 10 uncji mrożonych bez dodatku soli
- Brokuły na parze

INSTRUKCJE:
a) Odcedź płyn z twarogu. W misce wymieszaj twaróg i sok z cytryny. Odłożyć na bok.
b) Przygotuj spaghetti zgodnie z instrukcją na opakowaniu, pomijając sól.
c) Dokładnie odcedź.
d) W międzyczasie rozgrzej olej na patelni na średnim ogniu. Dodaj szalotkę, cebulę, czosnek i czarny pieprz i smaż 1 minutę4. Dodać grzyby i mieszać przez 1 minutę. Następnie dodaj paprykę, marchewkę i brokuły i mieszaj przez kolejne 3-4 minuty. Odłożyć na bok.
e) W drugiej misce wymieszaj mieszankę spaghetti i twarogu, aby równomiernie się nią pokryła. Na wierzch połóż smażone warzywa.

35.Kurczak miodowo-limonkowo-tequilowy

Na: 8 porcji

SKŁADNIKI:
- 4 połówki piersi kurczaka bez skóry, bez kości
- 2 łyżki miodu
- ⅔ szklanki świeżego soku z limonki
- ¼ szklanki tequili
- 2 ząbki czosnku; mielony
- 1 żółta cebula; mielony
- 1 czerwona papryka; mielony

INSTRUKCJE:
a) Połączyć składniki marynaty i polać nią piersi kurczaka. Marynować przez co najmniej 1 godzinę.
b) Odcedź marynatę i grilluj z każdej strony przez około 7-8 minut z każdej strony lub do momentu, aż nie będzie już różu.

36. Łosoś smażony na patelni

Na: 4 porcje

SKŁADNIKI:
- 4 włoskie pomidory śliwkowe około 8 uncji.
- chili serrano lub jalapeno grubo posiekane
- ¼ czerwonej cebuli grubo posiekanej
- 4 Filety z łososia pozbawione kości i skóry
- 1 ząbek czosnku
- ⅓ szklanki tequili
- ½ łyżeczki soli
- ¼ łyżeczki mielonego czarnego pieprzu
- 1 łyżka octu balsamicznego
- 1 łyżka oliwy z oliwek
- 3 łyżki łagodnego czerwonego chili w proszku
- 6 łyżek oliwy z oliwek

INSTRUKCJE:
a) Przygotuj winegret pomidorowo-tequili i odłóż go na bok.
b) Natrzyj filety z łososia sproszkowaną papryczką chilli. Rozgrzej oliwę z oliwek na patelni na średnim ogniu, włóż filety bez zbijania się i smaż przez 3 do 4 minut z każdej strony, w zależności od pożądanego stopnia wysmażenia.
c) Przed podaniem ułóż filety z łososia na czterech talerzach, zamieszaj sos winegret i polej nim filety.
d) Vinaigrette z poczerniałych pomidorów i tequili: Aby pomidory przyczerniły się, rozgrzej ciężką patelnię na dużym ogniu. Dodaj całe pomidory i smaż, obracając od czasu do czasu, aż skórka pomidorów pęknie i poczernieje przez około 5 minut. Wyjmij i ostudź. Obierz pomidory, usuń końcówki łodyg i grubo posiekaj pomidory.
e) Połącz pomidory, chili, cebulę, czosnek, tequilę, sól i pieprz w niereagującym rondlu i gotuj na średnim ogniu przez 10 minut, od czasu do czasu mieszając. Wlać zawartość do blendera lub robota kuchennego i miksować przez 1 minutę.
f) Przecedź przez sito o drobnych oczkach do miski. Dodaj ocet i oliwę z oliwek i dobrze wymieszaj. Smak dla przypraw.

37. Lucjan żółtoogonowy z mango

Ilość: 4 porcje

SKŁADNIKI:
- 4 filety z lucjana, bez skóry
- 1 szklanka mąki kukurydzianej
- 2 łyżki oliwy z oliwek z pierwszego tłoczenia; Podzielony
- 2 szalotki; Posiekane dobrze
- 3 łyżki octu winnego estragonowego
- ¼ szklanki tequili
- 1 szklanka bulionu z kurczaka
- ¼ szklanki koncentratu soku pomarańczowego
- 1 ½ szklanki mango; Pokrojone w kostkę
- 2 łyżki świeżego szczypiorku; Posiekana
- Sól i świeżo zmielony pieprz do smaku

INSTRUKCJE:
a) Rozgrzej piekarnik do 375 stopni. Zanurzaj każdy filet rybny w mące kukurydzianej i odkurz jej nadmiar.

b) Na żaroodpornej patelni, wystarczająco dużej, aby pomieścić filety bez zbijania się, rozgrzej 1 łyżkę oliwy z oliwek. Dodaj lucjana i smaż przez 1 minutę. Obrócić filet? następnie włóż patelnię do piekarnika i piecz rybę przez 4 do 5 minut. ryba powinna być wówczas nieprzezroczysta, a nie półprzezroczysta.

c) Podczas pieczenia ryby w średnim rondlu rozgrzej 1 łyżkę oliwy z oliwek. Udusić szalotkę, a gdy stanie się przezroczysta, dodać ocet. Redukujemy aż będzie prawie suche. Dodaj tequilę i zredukuj ją o połowę. Dodaj bulion, koncentrat soku pomarańczowego i mango. Gotuj na wolnym ogniu przez 5 minut.

d) Wlać do blendera i zmiksować na bardzo gładką masę. Dodaj szczypiorek i dopraw do smaku.

e) Na każdy talerz obiadowy nałóż około 2 łyżki sosu i połóż na środku ugotowaną rybę.

f) Aby uzyskać piękną prezentację, udekoruj pokrojonym w kostkę mango lub fioletową bazylią i szczypiorkiem.

38. Kurczak tequila-pomarańczowy

Na: 6 porcji

SKŁADNIKI:
- ½ szklanki soku pomarańczowego
- ¼ szklanki tequili
- 2 łyżki papryczek jalapeno
- ½ łyżeczki startej skórki pomarańczowej
- Puszka sosu do kurczaka o pojemności 10 1/2 uncji
- 3 sztuki Całe piersi z kurczaka

INSTRUKCJE:
a) Aby przygotować sos: W rondlu o pojemności 1 litra połącz sok, tequilę, paprykę i skórkę. Na dużym ogniu doprowadzić do wrzenia. Zmniejsz ogień do niskiego.
b) Gotować na wolnym ogniu bez przykrycia przez 10 minut lub do momentu, aż mieszanina zredukuje się o połowę.
c) Dodać sos, podgrzać, ciągle mieszając.
d) Na ruszcie grilla połóż kurczaka skórą do góry, bezpośrednio nad średnimi węglami. Grilluj bez przykrycia przez 1 godzinę lub do momentu, aż mięso będzie miękkie i puści klarowny sok, w ciągu ostatnich 30 minut obracając się i smarując sosem.
e) Aby podpiec: Ułóż kurczaka skórą do góry na ruszcie w patelni do brojlerów.
f) Podpiekaj na wysokości 6 cali od ognia przez 40 minut lub do momentu, aż zmięknie i sok będzie przezroczysty, obracając i często smarując sosem przez ostatnie 20 minut.

39. Polędwiczka wieprzowa w tequili

Ilość: 6 porcji

SKŁADNIKI:
- 2 funty polędwicy wieprzowej
- ¼ szklanki oleju roślinnego
- 2 ząbki czosnku
- ¼ szklanki marchewki; Posiekana
- ¼ szklanki selera; Posiekana
- ¼ szklanki soku z limonki
- ¼ szklanki tequili
- 1 łyżka czerwonego chilli; Grunt
- 1 łyżeczka soli
- 1 łyżeczka liści oregano; Wysuszony
- 1 łyżeczka liści tymianku; Wysuszony
- ¼ łyżeczki pieprzu
- 4 szklanki pomidorów; Posiekana
- ¼ szklanki cebuli; Posiekana
- 1 liść laurowy
- ¼ szklanki pietruszki; Obcięty

INSTRUKCJE:

a) Rozsmaruj musztardę na polędwiczce wieprzowej. Rozgrzej oliwę i czosnek na 10-calowej patelni, aż będą gorące. Smażyć wieprzowinę na oleju na średnim ogniu, aż będzie brązowa.

b) Usuń czosnek. Wymieszaj pozostałe składniki oprócz natki pietruszki. Podgrzać do wrzenia, a następnie zmniejszyć ogień. Przykryj i gotuj na wolnym ogniu, aż wieprzowina będzie gotowa, około 30 minut. Wyjmij liść laurowy i posyp natką pietruszki.

c) Podawać.

40.Kurczak marynowany w margaricie

Ilość: 4 porcje

SKŁADNIKI:
- 4 Poussiny
- ½ szklanki świeżego soku z limonki
- ⅓ szklanki złotej tequili
- ¼ szklanki oliwy z oliwek
- 2 łyżki Cointreau
- 2 ząbki czosnku; obrać/posiekać
- Sól i pieprz

INSTRUKCJE:
a) Usuń kręgosłupy z kurczaków. Spłaszcz kurczaka dłonią.
b) W dużej misce połącz sok z limonki, tequilę, oliwę z oliwek, Cointreau i czosnek. Dodaj kurczaki i obróć do sierści. Przykryć i marynować, obracając raz lub dwa razy, przez maksymalnie 2 godziny w temperaturze pokojowej lub przez noc w lodówce.
c) Przed gotowaniem wróć do temperatury pokojowej.
d) Wyjmij kurczaka z marynaty i ułóż go skórą do góry w płytkiej formie do pieczenia. Dopraw solą i pieprzem do smaku.
e) Piec w temperaturze 200 stopni na górnej półce piekarnika, od czasu do czasu polewając marynatą, aż skóra będzie złocista, a sok z udek, nakłutych w najgrubszym miejscu, będzie różowożółty, 25 do 30 minut.

41. Krewetki Santa Fe z sosem tequila

Ilość: 1 porcja

SKŁADNIKI:
- 3 Zielone chili z Nowego Meksyku, upieczone, obrane, usunięte łodygi i nasiona, posiekane
- 24 duże krewetki, usunięte muszle, motylki
- 2 łyżki masła
- 2 łyżki soku Tequila z 3 limonek
- ½ szklanki śmietany do ubijania
- 1 łyżka startej skórki limonki

INSTRUKCJE:
a) Te pikantne krewetki można podawać jako przystawkę lub danie główne. Jeśli wolisz, tequilę można zastąpić białym wytrawnym winem.
b) Smaż krewetki i zielone chili na maśle, aż zaczną tracić przezroczystość. Wyjąć krewetki i trzymać w cieple. Zwiększ ogień i dodaj tequilę i sok z limonki.
c) Mieszając, dodaj śmietanę i skórkę i kontynuuj mieszanie, aż sos zgęstnieje. Krewetki włóż z powrotem na patelnię i podgrzewaj przez 2-3 minuty lub do momentu, aż krewetki będą gotowe. Porcja 4-6.

42. Kababy wieprzowe Margarita

Ilość: 1 porcja

SKŁADNIKI:
- 1 funt polędwicy wieprzowej, pokrojonej w kostkę
- 1 szklanka mieszanki Margarita
- 1 łyżeczka mielonej kolendry
- 1 ząbek czosnku; mielony
- 1 duża zielona lub czerwona papryka; pokroić na 8 części
- 2 łyżki masła; zmiękczony
- 2 kłosy kukurydzy? pokroić na 8 części
- 2 łyżeczki soku z limonki
- ⅛ łyżeczki cukru
- 1 łyżka posiekanej natki pietruszki

INSTRUKCJE:
a) Połącz mieszankę margarity, kolendrę i czosnek. Umieścić kostki wieprzowe w ciężkiej plastikowej torbie? zalać marynatą tak, aby przykryła. Marynować przez co najmniej 30 minut.

b) Dobrze wymieszaj masło, sok z limonki, cukier i pietruszkę; odłożyć na bok.

c) Na patyczki do szaszłyków nabijamy kostki wieprzowe na przemian z kawałkami kukurydzy i pieprzu.

d) Grilluj na rozżarzonych węglach, posmaruj masłem przez 10-15 minut, często obracając.

43.Krewetki Margarita i kebaby warzywne

Na: 1 porcję

SKŁADNIKI:
- 1 koperta Mieszanka sosu do sałatek włoskich Good Seasons
- ½ szklanki oleju
- ¼ szklanki tequili
- ¼ szklanki soku z limonki
- 1 funt Duże krewetki; wyczyszczony
- Różne pokrojone świeże warzywa?
- Plasterki limonki
- Jadalne świeże kwiaty

INSTRUKCJE:
a) Wymieszaj sos sałatkowy, olej, tequilę i sok z limonki, aż dobrze się wymieszają.
b) Polej krewetkami i warzywami; okładka. Wstawić do lodówki na 1 godzinę lub na noc do marynowania. Odpływ. Na patyczki do szaszłyków układamy krewetki i warzywa. Grilluj kebaby na grillu na średnio rozżarzonych węglach przez 10 do 15 minut, raz obracając. Udekoruj plasterkami limonki i jadalnymi świeżymi kwiatami.

44.Tacos z krewetkami Margarita

Ilość: 6 porcji

SKŁADNIKI:
- 1 ½ funta krewetek w skorupce; brutalny
- ½ szklanki tequili
- ½ szklanki soku z limonki
- 1 łyżeczka soli
- 1 posiekany ząbek czosnku; lub więcej do smaku
- 3 łyżki oliwy z oliwek; lub mniej
- 2 łyżki posiekanej kolendry
- 24 tortille z mąki
- Rozdrobniona sałata
- 1 awokado; pokrojony? albo więcej
- Salsa Fresca? w razie potrzeby
- 15 uncji Czarna fasola
- 10 uncji Jądra kukurydzy
- ½ szklanki posiekanej czerwonej cebuli
- ¼ szklanki oliwy z oliwek
- 2 łyżki soku z limonki
- ¼ łyżeczki mielonego kminku
- ¼ łyżeczki oregano
- ¼ łyżeczki soli

INSTRUKCJE:

a) Obierz i usuń krewetki, zachowując ogony, jeśli to konieczne; odłożyć na bok. Połączyć tequilę, sok z limonki i sól? zalać krewetkami i marynować nie dłużej niż 1 godzinę.

b) Podsmaż posiekany czosnek na 1 łyżce oleju na jasnobrązowy kolor; dodaj krewetki, gotuj i mieszaj, aż będą gotowe, 2 do 3 minut. W razie potrzeby dodać olej.

c) Posypać kolendrą i trzymać w cieple. Na każde taco złóż razem 2 miękkie tortille; napełnij posiekaną sałatą i przyprawą z czarnej fasoli i kukurydzy. Na wierzchu ułóż krewetki, plastry awokado i salsę.

d) Przyprawa z czarnej fasoli i kukurydzy: Opłucz i odcedź fasolę; odcedzić kukurydzę, połączyć fasolę i kukurydzę z pozostałymi składnikami; przechowywać w lodówce do połączenia smaków.

45. Fajitas podawana z tequilą o wschodzie słońca

Na: 2 porcje

SKŁADNIKI:
- 1 łyżka oleju roślinnego
- 1 mała cebula; drobno posiekane
- 2 ząbki czosnku
- 1 czerwone chili; drobno posiekane
- 1 łyżeczka mielonego kminku
- 400-gramowa puszka czerwonej fasoli? osuszony
- 1 limonka
- 1 łyżka oleju roślinnego
- 1 mała czerwona papryka; pozbawiony nasion
- 1 mała żółta papryka
- 2 duże zielone chilli; pokrojony
- 1 czerwona cebula
- 1 mała pęczek kolendry
- Sól i pieprz
- 150 mililitrów Śmietana
- 100 gramów sera Cheddar? tarty
- 4 tortille z mąki
- 120 mililitrów tequili
- 175 mililitrów soku pomarańczowego
- 2 łyżki syropu Grenadina
- Lód? służyć
- 1 limonka; pokroić w ćwiartki do dekoracji
- 1 słoiczek gotowej salsy
- 1 torebka liści zielonej sałaty

INSTRUKCJE:

a) Fasola smażona: Rozgrzej małą patelnię z 1 łyżką oleju roślinnego. Dodajemy posiekaną cebulę i smażymy przez minutę.
b) Rozgnieć ząbki czosnku, dodaj 1 łyżeczkę mielonego kminku i posiekane czerwone chili. Gotuj 2-3 minuty, aż zmiękną.
c) Nadzienie warzywne: Zacznij od podgrzania patelni grillowej, aż będzie bardzo gorąca i prawie dymiąca. Na patelnię dodaj 1 łyżkę oleju.
d) Paprykę czerwoną pokroić w paski i dodać na patelnię razem z paskami żółtej papryki. Gotuj przez 3-4 minuty, aż lekko się zwęgli.
e) Cebulę pokroić w osiem krążków i dodać do zmiękczonej papryki wraz z paskami zielonego chili. Gotuj przez 2-3 minuty, aż się zwęgli, od czasu do czasu obracając.
f) Dodaj czerwoną fasolę do zmiękczonej mieszanki cebuli i wyciśnij sok z 1 limonki. Gotuj przez kolejne 3-4 minuty, aż zmięknie. Posiekaj kolendrę, zostawiając kilka gałązek do dekoracji.
g) Gotuj tortille z mąki na wysokim poziomie w kuchence mikrofalowej przez 30 sekund. Zdejmij fasolę z ognia i rozgnieć mieszankę na gęste puree za pomocą tłuczka do ziemniaków. Dodać posiekaną kolendrę i doprawić.
h) Weź tortille z mąki i dodaj do każdej trochę smażonej fasoli. Na wierzch połóż warzywa, skrop kwaśną śmietaną i posyp serem.
i) Zwinąć i położyć łączeniem na talerzu stroną do serwowania. Udekoruj kolendrą, salsą i mieszanką liści.
j) Aby przygotować Tequilę Sunrise: Wymieszaj tequilę i sok pomarańczowy w dzbanku miarowym. Przelać do szklanki wypełnionej lodem. Lekko przechyl szklankę i wlej łyżką syrop grenadyny. Do dekoracji wrzuć plasterek limonki i podawaj z fajitas.

46. Nachos z sosem mango-tequila

Na: 6 porcji

SKŁADNIKI:
- 6 tortilli kukurydzianych lub 4 pszennych
- 3 łyżki masła
- 6 łyżek cukru do
- 1 ½ kwarty lodów lub sorbetów
- 3 szklanki Pokrojone świeże owoce

SOS MANGO TEQUILA:
- Orzechy Cukrowane
- ¾ szklanki kawałków czekolady

INSTRUKCJE:
a) Ułóż tortille w jeden stos i pokrój je w trójkąty, po 6 w przypadku kukurydzy lub 8 w przypadku mąki.
b) Na dużej patelni umieść ½ łyżki masła i 1 łyżkę cukru. Ustawić na średnim ogniu, aż masło się spieni, a cukier się rozpuści.
c) Dodaj tyle trójkątów tortilli, ile zmieści się bez nakładania się i smaż, aż się napęcznieją, około 1 minuty. Obróć i smaż po drugiej stronie na złoty kolor, jeszcze około 1 minuty. Wyjąć na talerz tak, aby nie nachodziły na siebie. Dodaj więcej masła i cukru na patelnię i kontynuuj kolejne okrążenia, aż wszystkie trójkąty będą chrupiące.
d) Aby złożyć ciasto, ułóż gałki lodów lub sorbetów na środku dużego talerza.
e) Rozłóż kawałki owoców wokół lodów i ułóż tu i ówdzie trójkąty z tortilli.
f) Całość polewamy łyżką sosu Mango-Tequila. Kropka z cukrowymi orzechami i kawałkami czekolady.
g) Podawaj od razu.

47. Martini Krewetki Scampi

SKŁADNIKI:
- 1 funt dużych krewetek, obranych i oczyszczonych
- 1/4 szklanki wytrawnego wermutu (Martini)
- 3 ząbki czosnku, posiekane
- 2 łyżki masła
- Sól i pieprz do smaku
- Posiekana świeża pietruszka do dekoracji

INSTRUKCJE:
a) Rozgrzej patelnię na średnim ogniu i rozpuść masło.
b) Dodajemy posiekany czosnek i smażymy około 1 minuty.
c) Dodaj krewetki i smaż przez 2 minuty z każdej strony, aż będą różowe i nieprzezroczyste.
d) Wlej suchy wermut i gotuj przez kilka minut.
e) Doprawić solą i pieprzem.
f) Udekoruj świeżą natką pietruszki i podawaj.

48. Risotto z Martini

SKŁADNIKI:
- 1 1/2 szklanki ryżu Arborio
- 1/2 szklanki wytrawnego wermutu (Martini)
- 4 szklanki bulionu z kurczaka lub warzyw
- 1 mała cebula, drobno posiekana
- 2 łyżki masła
- 1/4 szklanki startego parmezanu

INSTRUKCJE:
a) W rondelku podgrzej bulion i trzymaj go w cieple.
b) W osobnym dużym rondlu rozpuść masło i podsmaż posiekaną cebulę, aż będzie przezroczysta.
c) Dodaj ryż Arborio i gotuj przez kilka minut, ciągle mieszając.
d) Dolewamy wytrawny wermut i gotujemy aż do całkowitego wchłonięcia.
e) Rozpocznij dodawanie ciepłego bulionu, chochelką na raz, mieszając, aż płyn zostanie wchłonięty, a następnie dodaj więcej.
f) Kontynuuj ten proces, aż ryż będzie kremowy i ugotowany do pożądanej konsystencji.
g) Wymieszać z tartym parmezanem i podawać.

49. Martini z kurczakiem cytrynowym

SKŁADNIKI:
- 4 piersi z kurczaka bez kości i skóry
- 1/2 szklanki wytrawnego wermutu (Martini)
- 1/4 szklanki świeżego soku z cytryny
- 2 łyżki oliwy z oliwek
- 2 ząbki czosnku, posiekane
- 1 łyżeczka suszonego oregano
- Sól i pieprz do smaku

INSTRUKCJE:
a) Piersi z kurczaka doprawiamy solą, pieprzem i oregano.
b) Na dużej patelni rozgrzej oliwę z oliwek na średnim ogniu.
c) Dodaj piersi z kurczaka i smaż, aż się zrumienią i ugotują, około 4-5 minut na stronę.
d) Zdejmij kurczaka z patelni i odłóż na bok.
e) Na tę samą patelnię dodaj posiekany czosnek i smaż przez około 1 minutę.
f) Wlać suchy wermut i sok z cytryny, zeskrobując z dna patelni wszelkie przyrumienione kawałki.
g) Sos gotujemy kilka minut, aż zgęstnieje.
h) Włóż kurczaka z powrotem na patelnię i polej go sosem.
i) Podawaj kurczaka polanego sosem na wierzchu.

50. Martini Penne alla Vodka

SKŁADNIKI:
- 12 uncji makaronu penne
- 1/2 szklanki wytrawnego wermutu (Martini)
- 1 szklanka sosu pomidorowego
- 1/2 szklanki gęstej śmietanki
- 1/4 szklanki startego parmezanu
- 2 łyżki oliwy z oliwek
- 2 ząbki czosnku, posiekane
- Sól i pieprz do smaku

INSTRUKCJE:
a) Makaron penne ugotuj według instrukcji na opakowaniu, następnie odcedź.
b) Na dużej patelni rozgrzej oliwę z oliwek na średnim ogniu.
c) Dodajemy posiekany czosnek i smażymy około 1 minuty.
d) Wlać suchy wermut i gotować przez kilka minut.
e) Dodaj sos pomidorowy i gęstą śmietanę, mieszaj, aż dobrze się połączą.
f) Dodaj starty parmezan i kontynuuj gotowanie, aż sos zgęstnieje.
g) Doprawić solą i pieprzem.
h) Ugotowany makaron penne wymieszać z sosem i podawać.

51. Krwawa Mary Makaron

SKŁADNIKI:
- 12 uncji makaronu penne
- 1 szklanka mieszanki Krwawej Mary
- 1/2 szklanki wódki
- 1/4 szklanki gęstej śmietanki
- 1/4 szklanki startego parmezanu
- 1 łyżka oliwy z oliwek
- 2 ząbki czosnku, posiekane
- Sól i pieprz do smaku

INSTRUKCJE:
a) Makaron penne ugotuj według instrukcji na opakowaniu, następnie odcedź.
b) Na dużej patelni rozgrzej oliwę z oliwek na średnim ogniu.
c) Dodajemy posiekany czosnek i smażymy około 1 minuty.
d) Wlać mieszankę Bloody Mary, wódkę i gęstą śmietanę. Doprowadzić do wrzenia.
e) Dodaj starty parmezan i kontynuuj gotowanie, aż sos zgęstnieje.
f) Doprawić solą i pieprzem.
g) Ugotowany makaron penne wymieszać z sosem i podawać.

52. Łosoś w glazurze Cosmo

SKŁADNIKI:
- 4 filety z łososia
- 1/2 szklanki koktajlu Cosmopolitan (wódka, triple sec, sok żurawinowy, sok z limonki)
- 1/4 szklanki brązowego cukru
- 2 łyżki sosu sojowego
- 1 łyżka startego imbiru

INSTRUKCJE:
a) W małym rondlu wymieszaj koktajl Cosmopolitan, brązowy cukier, sos sojowy i imbir.
b) Gotuj, aż mieszanina zgęstnieje i stanie się glazurą.
c) Posmaruj glazurą filety z łososia.
d) Piecz lub grilluj łososia, aż będzie ugotowany zgodnie z Twoimi upodobaniami, polewając większą ilością glazury w trakcie gotowania.

SAŁATKI I DODATKI

53. Słodka kukurydza, sałatka jicama z tequilą

Na: 4 porcje

SKŁADNIKI:
- 6 Kłosy kukurydzy
- 2 Jicama
- 1 Czerwona papryka, drobno pokrojona
- 1 Żółta papryka, drobno pokrojona
- 3 Szpinak młody
- 2 łyżki orzeszków piniowych

UBIERANIE SIĘ:
- Sok z 3 limonek
- 2 łyżki tequili
- 1 łyżeczka octu winnego białego
- ½ szklanki oliwy z oliwek
- 1 szczypta kminku
- 1 szczypta cayenne

INSTRUKCJE:
a) Kukurydzę gotujemy w osolonej wodzie do miękkości. Usuń kukurydzę z kolby.
b) Obierz i julienne jicama. Pokrój w kostkę czerwoną i żółtą paprykę.
c) Wszystkie składniki sosu umieścić w średnim garnku, z wyjątkiem oleju, i zagotować.
d) Powoli emulguj olej w bazie i zachowaj.
e) Wymieszaj szpinak, jicamę i kukurydzę i ubierz.
f) Podzielić równomiernie na sześć talerzy i udekorować papryką i pinonem.

54. Słodkie ziemniaki z limonką i tequilą

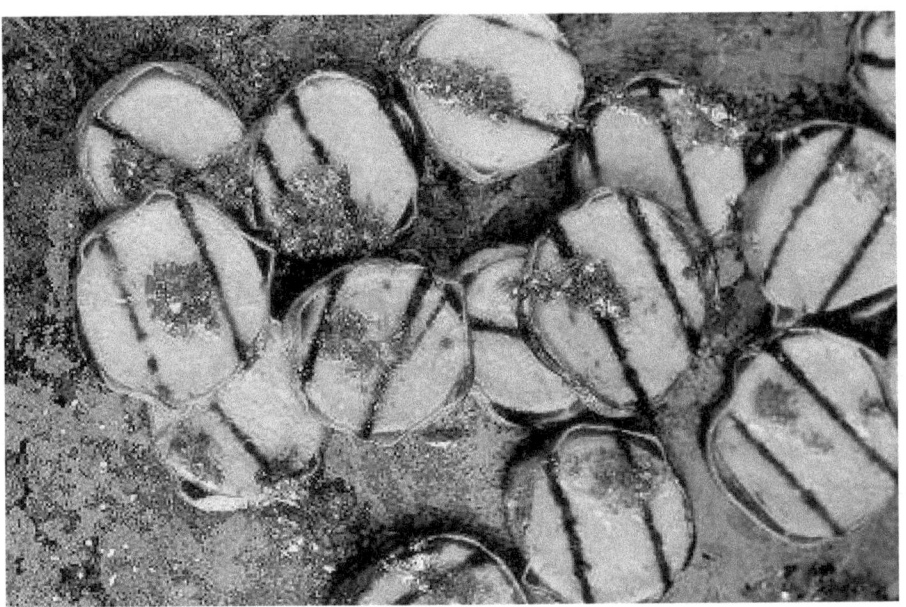

Na: 1 porcję

SKŁADNIKI:
- 2 funty słodkich ziemniaków? obrane
- ¼ szklanki świeżego soku z limonki
- 2 łyżki miodu
- 1 łyżka tequili

INSTRUKCJE:
a) Słodkie ziemniaki pokroić w plastry o grubości ¾ cala. Gotuj plastry na dużej patelni na dużym ogniu przez około 6 minut. Odpływ. Słodkie ziemniaki powinny być po prostu miękkie. W misce wymieszaj sok z limonki, miód i tequilę.
b) Posmaruj ziemniaki. Grilluj na natłuszczonym ruszcie przez 4 do 6 minut. Posmaruj kilkakrotnie mieszanką i często obracaj. Słodkie ziemniaki są gotowe, gdy się zarumienią.

55. Staromodne glazurowane marchewki

SKŁADNIKI:

- 1 funt marchewki, obranej i pokrojonej w plasterki
- 1/4 szklanki bourbona
- 2 łyżki brązowego cukru
- 2 łyżki masła
- Sól i pieprz do smaku

INSTRUKCJE:

a) Marchewkę gotujemy na parze lub do miękkości.
b) Na patelni rozpuść masło, następnie dodaj bourbon i brązowy cukier.
c) Gotuj, aż mieszanina zgęstnieje i stanie się glazurą.
d) Ugotowaną marchewkę wrzucić do glazury i doprawić solą i pieprzem.

56. Sałatka owocowa Margarita

Ilość: 1 porcja

SKŁADNIKI:
- 1 Kantalupa i melon spadziowy pokrojone na kawałki
- 2 Pomarańcze i grejpfruty, obrane i podzielone na kawałki
- 1 Mango, obrane i pokrojone w kostkę
- 2 szklanki truskawek, przekrojone na połówki
- ½ szklanki) cukru
- ⅓ szklanki soku pomarańczowego
- 3 łyżki tequili
- 3 łyżki likieru pomarańczowego
- 3 łyżki soku z limonki
- 1 szklanka grubo startego świeżego kokosa

INSTRUKCJE:
a) Połączyć owoce, odstawić. W małym rondlu gotuj cukier i sok pomarańczowy na średnim ogniu, mieszając, przez 3 minuty lub do momentu rozpuszczenia cukru.
b) Wymieszaj tequilę, likier i sok z limonki. Ostudzić do temperatury pokojowej.
c) Połącz z owocami. Przykryj i wstaw do lodówki na co najmniej dwie godziny lub na całą noc. Tuż przed podaniem posypujemy wiórkami kokosowymi.

57. Sałatka owocowa z dodatkiem Cosmo

SKŁADNIKI:
- Różne świeże owoce (np. truskawki, pomarańcze, ananas i winogrona)
- 1/4 szklanki koktajlu Cosmopolitan
- 2 łyżki miodu
- Świeże liście mięty do dekoracji

INSTRUKCJE:

a) Świeże owoce pokroić na kawałki wielkości kęsa i umieścić je w dużej misce.
b) W małej misce wymieszaj koktajl Cosmopolitan i miód.
c) Polej owoce mieszanką koktajlowo-miodową.
d) Delikatnie wrzuć do pokrycia.
e) Przed podaniem udekoruj świeżymi listkami mięty.

58. Sałatka Truskawkowa ze Szpinakiem Z Sosem Margarita

SKŁADNIKI
DO OPARTU:
- 3 łyżki soku z limonki
- 1- ½ łyżki nektaru z agawy
- ½-1 łyżka tequili
- ¼ szklanki oliwy z oliwek z pierwszego tłoczenia
- Szczypta soli morskiej

NA SAŁATKĘ:
- 4-6 czubek szpinaku baby
- 1 szklanka pokrojonych w kostkę truskawek
- 1 szklanka pokrojonych w kostkę mango
- 1 awokado, pokrojone w kostkę
- ¼ czerwonej cebuli, posiekanej
- 3-4 łyżki prażonych pestek dyni

INSTRUKCJE
DO OPARTU:
a) W słoiczku dodać składniki dressingu. Zamknij szczelnie pokrywkę i dobrze nią wstrząśnij. Próbujemy i doprawiamy według uznania. W razie potrzeby dodaj więcej soku z limonki lub agawy.

NA SAŁATKĘ:
b) Umieść młody szpinak w misce lub na półmisku. Na szpinaku ułóż pokrojone w kostkę truskawki, mango, awokado, czerwoną cebulę i pestki dyni.

c) Podawać od razu z dressingiem.

59.Sałatka z łososiem Margarita

Na: 2 porcje

SKŁADNIKI
NA ŁOSOSIOWĄ MARGARITĘ:
- 2 filety z łososia ze skórą
- 2 łyżki oliwy z oliwek
- Sok i skórka z 2 limonek
- ¼ szklanki tequili
- 1 uncja przyprawy do taco
- 3 łyżki ciemnego brązowego cukru

NA VINAIGRETTE Z MARGARITY:
- 2 łyżki świeżo wyciśniętego soku z limonki
- 2 łyżki tequili
- 2 łyżki świeżo wyciśniętego soku pomarańczowego
- 4 łyżki miodu
- 1 łyżeczka chili w proszku
- ¼ szklanki posiekanej świeżej kolendry
- ¼ szklanki oleju rzepakowego

NA SAŁATĘ I DODATKI:
- ¼ główki sałaty lodowej oczyszczonej i posiekanej
- ½ pęczka sałaty zielonej lub czerwonej; oczyszczone, przycięte i posiekane
- ½ szklanki posiekanych świeżych pomidorów
- ½ szklanki tartego sera Mexican Blend
- 1 puszka czarnej fasoli wypłukana i odsączona
- 1 puszka słodkiej kukurydzy opłukanej i odsączonej
- 1 awokado obrane i pokrojone w plasterki lub posiekane – skrop sokiem z limonki, aby zapobiec brązowieniu.
- ¼ szklanki posiekanej świeżej kolendry
- Paski Tortilli

INSTRUKCJE

NA ŁOSOSA:

a) Umieść oliwę z oliwek, sok z limonki, skórkę z limonki, tequilę, mieszankę przypraw Old El Paso Taco i brązowy cukier w galonowej torebce Ziploc i mieszaj, aż dobrze się połączą. Dodaj filety z łososia i delikatnie natrzyj łososia marynatą. Zamknij torebkę i marynuj w lodówce przez 2-24 godziny.

b) Gdy będziesz gotowy do podania, rozgrzej piekarnik do 425 stopni F. Przykryj blachę do pieczenia folią i lekko spryskaj ją nieprzywierającym sprayem do gotowania.

c) Wyjmij łososia z marynaty i połóż go skórą do dołu na blasze do pieczenia.

d) Umieść blachę do pieczenia na środkowej półce piekarnika i piecz przez 4-6 minut na półcalowego łososia. Zmierz łososia w najgrubszym miejscu. Po 4 minutach otrzymasz łososia z różowym środkiem (średnio wysmażony), a po 6 minutach będzie on całkowicie ugotowany.

e) Łosoś jest gotowy, gdy można go łatwo rozdzielić widelcem. W razie potrzeby sprawdź gotowość za pomocą termometru z natychmiastowym odczytem – uważa się, że łosoś jest gotowy w temperaturze co najmniej 50 stopni F w najgrubszej części łososia.

f) Usmażonego łososia wyjmij z piekarnika i przełóż na talerz. Przed ułożeniem łososia na mieszanej sałatce usuń skórę.

NA SAŁATKĘ:

g) W dużej misce sałatkowej połącz posiekaną sałatę, pomidory, ser, fasolę i kukurydzę. Delikatnie wymieszaj.

SŁUŻYĆ:

h) Mieszankę sałat ułożyć na półmiskach, na wierzchu ułożyć ugotowanego łososia. Dodaj pokrojone awokado i paski tortilli i posyp świeżą kolendrą. Skropić winegretem.

i) Cieszyć się!

ZUPY

60. Biskwit z homara Martini

SKŁADNIKI:
- 2 ogony homara, usunięte muszle i mięso pokrojone w kostkę
- 1/4 szklanki wytrawnego wermutu (Martini)
- 1 cebula, posiekana
- 2 ząbki czosnku, posiekane
- 1/4 szklanki koncentratu pomidorowego
- 4 szklanki bulionu z kurczaka lub owoców morza
- 1 szklanka gęstej śmietanki
- 2 łyżki masła
- Sól i pieprz do smaku

INSTRUKCJE:
a) W dużym garnku rozpuść masło na średnim ogniu.
b) Dodaj posiekaną cebulę i czosnek i smaż, aż będą miękkie i przezroczyste.
c) Dodaj koncentrat pomidorowy i gotuj przez kolejne 2 minuty.
d) Dodaj pokrojone w kostkę mięso homara i smaż, aż zmieni kolor na różowy.
e) Wlać suchy wermut i pozostawić na kilka minut do zagotowania.
f) Dodać bulion i doprowadzić zupę do wrzenia.
g) Zmniejsz ogień i gotuj na wolnym ogniu przez około 20 minut.
h) Za pomocą blendera zanurzeniowego zmiksuj zupę na gładką masę.
i) Dodaj gęstą śmietanę i gotuj na wolnym ogniu przez kolejne 5 minut.
j) Przed podaniem doprawić solą i pieprzem.

61. Krwawa Mary Chili

SKŁADNIKI:
- 1 funt mielonej wołowiny
- 1 szklanka mieszanki Krwawej Mary
- 1 puszka (14 uncji) pokrojonych w kostkę pomidorów
- 1 puszka (14 uncji) fasoli, odsączona i przepłukana
- 1 cebula, posiekana
- 2 ząbki czosnku, posiekane
- Chili w proszku, kminek, sól i pieprz do smaku

INSTRUKCJE:
a) W dużym garnku podsmaż mieloną wołowinę na średnim ogniu. Odsączyć nadmiar tłuszczu.
b) Dodajemy posiekaną cebulę i posiekany czosnek, smażymy aż zmiękną.
c) Dodaj mieszankę Krwawej Mary, pokrojone w kostkę pomidory i fasolę.
d) Doprawić chili w proszku, kminkiem, solą i pieprzem.
e) Gotuj chili przez około 30 minut.
f) Podawać na gorąco z wybranymi dodatkami.

62.Zupa ze słodkich ziemniaków i tequili

Ilość: 4 porcje

SKŁADNIKI:
- 3 średnie słodkie ziemniaki
- 4 łyżki tequili
- ¼ szklanki niesolonego masła; temperatura pokojowa.
- Świeżo starta gałka muszkatołowa do smaku
- ½ łyżeczki soli
- Świeżo mielony biały pieprz do smaku

INSTRUKCJE:

a)   Obierz nieobrane słodkie ziemniaki, pokrój je w duże kawałki i gotuj w lekko osolonym wrzątku do miękkości. Następnie odlać wodę, przykryć patelnię i pozwolić ziemniakom „puchnąć" przez około 5 minut.

b)   Szybko obierz ziemniaki i dodaj 2 łyżki tequili, masła i gałki muszkatołowej. Ubij mikserem elektrycznym lub zmiel w robocie kuchennym, aż masa będzie gładka.

c)   Spróbuj i dodaj sól, biały pieprz i, jeśli chcesz, jeszcze 2 łyżki tequili. Podawać na ciepło. Na 4 do 6 porcji.

63. Pikantna zupa pomidorowa z tequilą i limonką

Sprawia: 6

SKŁADNIKI
- 2 łyżki oliwy z oliwek extra virgin
- 1 duża cebula, pokrojona w kawałki
- 4 łodygi selera, pokrojone na kawałki
- 5 ząbków czosnku, posiekanych
- 1 zielona papryka pozbawiona nasion i pokrojona na kawałki
- 2 papryczki jalapeno, pozbawione nasion i posiekane
- ¼ szklanki tequili
- 28-uncjowa puszka pieczonych na ogniu pokrojonych w kostkę pomidorów
- 2 szklanki bulionu warzywnego
- 15-uncjowa puszka pokruszonych pomidorów
- 1 limonka, wyciśnięta sok
- sól i mielony czarny pieprz do smaku
- 3 łyżki posiekanej kolendry

INSTRUKCJE:
a) Rozgrzej oliwę z oliwek w dużym rondlu na średnim ogniu; gotuj i mieszaj cebulę, seler i czosnek, aż zmiękną przez 5 do 10 minut.
b) Dodać zieloną paprykę i papryczki jalapeno do mieszanki cebuli? gotować i mieszać, aż papryka zmięknie, około 5 minut.
c) Wlać tequilę do mieszanki warzywnej i gotować na wolnym ogniu, aż lekko się zmniejszy, 3 do 4 minut.
d) Do mieszanki warzywno-tequili dodaj pieczone pomidory, bulion warzywny, rozdrobnione pomidory, sok z limonki, sól i pieprz. doprowadzić do wrzenia.
e) Zmniejsz ogień do średnio-niskiego i gotuj na wolnym ogniu, aż smaki się wymieszają, przez około 20 minut.
f) Wmieszaj kolendrę do zupy tuż przed podaniem.

64. Meksykańska zupa z ciecierzycy Margarita

Na: 4 porcje

SKŁADNIKI
- ½ szklanki pokrojonej w kostkę czerwonej papryki
- ½ szklanki pokrojonej w kostkę zielonej papryki
- ½ szklanki pokrojonej w kostkę słodkiej cebuli
- 3 ząbki czosnku posiekane
- ½ szklanki tequili, upewnij się, że jest wegańska, aby zachować tę wegańską
- 1 łyżka świeżego soku z limonki
- 2 łyżki posiekanej świeżej kolendry
- 1 łyżka kminku marki Simply Organic
- ¼ łyżeczki kolendry marki Simply Organic
- ¼ łyżeczki proszku chipotle
- 1 ½ łyżeczki himalajskiej różowej soli podzielonej
- 1 ½ szklanki suszonej ciecierzycy namoczonej przez noc
- 6 szklanek bulionu warzywnego plus trochę do podsmażenia

DODATKI OPCJONALNE:
- Tortille kukurydziane pokrojone w cienkie paski
- Awokado posiekane
- Świeża kolendra
- Świeży sok z limonki

INSTRUKCJE
a) Rozgrzej piekarnik do 300°F, jeśli używasz piekarnika holenderskiego.
b) Smażyć paprykę, cebulę i czosnek na średnim ogniu, aż będą miękkie, dodając tylko ½ łyżeczki soli i smażyć na bulionie, aż zaczną robić się miękkie.
c) Dodaj tequilę, sok z limonki i kolendrę. Gotuj aż płyn zredukuje się o połowę, u mnie zajęło to około 7-10 minut.
d) Dodajemy przyprawy, resztę soli oraz namoczoną ciecierzycę i mieszamy około minuty. Następnie dodaj bulion.
e) Doprowadzić do wrzenia, a następnie, jeśli używasz piekarnika holenderskiego, przykryj i włóż do nagrzanego piekarnika i pozwól mu powoli gotować przez 45-60 minut. Sprawdź po 45 minutach i czy ciecierzyca nie jest jeszcze miękka, pozwól im gotować dłużej. Można pozostawić do 60 minut, aby nabrało więcej smaku.

f) Jeśli używasz zwykłego garnka do zupy, gdy zupa zacznie się gotować, zmniejsz ogień do małego i pozwól jej powoli gotować się pod przykryciem przez 30–60 minut.

g) Gdy zupa będzie gotowa, włóż paski tortilli do miski, a następnie polej zupą, aby namoczyły się i zmiękły.

h) Udekoruj wybranymi świeżymi dodatkami i ciesz się smakiem.

65. Zupa z grillowanym kurczakiem i tortillą z kremem z tequili

Na: 4 do 6 porcji

SKŁADNIKI
NA PODSTAWĘ ZUPY:
- 1 jalapeno, upieczone i posiekane
- 2 łyżki oleju roślinnego
- 1 żółta cebula, pokrojona w kostkę
- 4 ząbki czosnku, posiekane
- 1 łyżeczka chili w proszku plus trochę do posypania pasków tortilli
- 1 łyżeczka mielonego kminku
- Sól i świeżo zmielony czarny pieprz
- 8 szklanek bulionu z kurczaka
- Puszka 14,5 uncji pokruszonych, pieczonych na ogniu pomidorów
- 1 limonka, starta i wyciśnięta sok
- 1 tortilla kukurydziana, pokrojona w paski

DO SERWOWANIA:
- 2 1/2 szklanki oleju roślinnego do smażenia
- 8 tortilli kukurydzianych, pokrojonych w paski
- 1 łyżeczka soli i więcej do przyprawienia
- Szczypta chili w proszku
- 3/4 szklanki kwaśnej śmietany
- 2 łyżki tequili
- 1 łyżeczka świeżo mielonego czarnego pieprzu
- 1 Awokado Hass, przekrojone na pół, pozbawione pestek i miąższu pokrojonego w kostkę
- 1/2 pęczka kolendry, liście grubo posiekane
- Kawałki limonki do dekoracji

INSTRUKCJE

a) Rozgrzej grill lub patelnię grillową do średnio-wysokiej temperatury. Dodaj jalapeno i grilluj, aż skórka dobrze się zrumieni. Wyjmij jalapeno do małej miski i przykryj folią, aby skóra się pociła. Gdy ostygnie, usuń łodygę, skórkę i nasiona, a następnie drobno posiekaj.

b) Podgrzej duży, ciężki garnek z dnem na średnim ogniu i dodaj 2 łyżki oleju roślinnego. Gdy będzie już gorąca, dodaj cebulę i smaż, aż zacznie się karmelizować, przez około 5 do 7 minut. Dodać czosnek, posiekane jalapeno, chili w proszku, kminek, sól i pieprz do smaku. Gotuj przez około 3 lub 4 minuty, uważając, aby nie spalić mieszanki. Zdeglasuj patelnię odrobiną bulionu z kurczaka, zeskrobując wszelkie brązowe kawałki z dna patelni.

c) Dodaj pozostały bulion z kurczaka, rozdrobnione pomidory i sok z limonki. Dodaj paski tortilli i zagotuj mieszaninę, następnie zmniejsz ogień i gotuj na wolnym ogniu bez przykrycia przez 30 minut. Posmakuj i dopraw do smaku.

d) Podczas gdy baza zupy się gotuje, rozgrzej grill lub patelnię grillową do średnio-wysokiej temperatury i połóż kurczaka na grillu. Grilluj, obracając, aż będzie ugotowany, około 14 do 18 minut. Zdejmij z grilla na duży talerz, a gdy ostygnie na tyle, że będzie można go wziąć, usuń skórę i ości i posiekaj. Trzymaj się ciepło.

e) Rozgrzej olej roślinny na patelni o wysokich ściankach do temperatury 350 stopni F. Dodaj paski tortilli i smaż, aż staną się złotobrązowe. Wyjmij na talerz wyłożony ręcznikiem papierowym i dopraw 1 łyżeczką soli i szczyptą chili w proszku.

f) W małej misce połącz kwaśną śmietanę, 2 łyżki tequili i pozostałą skórkę z limonki, dopraw solą i 1 łyżeczką czarnego pieprzu.

g) Przed podaniem na dno każdej miski włóż trochę rozdrobnionego kurczaka i zalej gorącą zupę. Na wierzch połóż pokrojone w kostkę awokado, smażone paski tortilli, tequilę crema i kolendrę. Udekoruj cząstkami limonki i podawaj.

66.Krwawa Mary Gazpacho

SKŁADNIKI:
- 4 szklanki soku pomidorowego
- 1 szklanka mieszanki Krwawej Mary
- 1 ogórek, obrany i pokrojony w kostkę
- 1 czerwona papryka, pokrojona w kostkę
- 1 czerwona cebula, drobno posiekana
- 2 ząbki czosnku, posiekane
- 2 łyżki czerwonego octu winnego
- Sól i pieprz do smaku

INSTRUKCJE:

a) W dużej misce połącz sok pomidorowy, mieszankę Krwawej Mary, ogórek, czerwoną paprykę, czerwoną cebulę i czosnek.
b) Wymieszaj ocet z czerwonego wina.
c) Doprawić solą i pieprzem.
d) Przed podaniem gazpacho należy schłodzić w lodówce przez kilka godzin.

67. Małgorzata Pozole

Ilość: 6 porcji

SKŁADNIKI
- 2 łyżki oliwy z oliwek
- 1 1/2-2 funta ud kurczaka bez kości, bez skóry, pokrojonych na kawałki o grubości od 1 do 1 1/2 cala
- 2 łyżeczki meksykańskiego oregano, podzielone
- 2 łyżeczki czosnku, posiekanego
- 1/2 dużej cebuli, pokrojonej w kostkę
- 2 14,5-uncjowe puszki White Hominy, odsączone
- 1/2 łyżeczki soli koszernej
- 1 łyżeczka papryki
- 1/2 łyżeczki mielonego pieprzu cayenne
- 4 szklanki bulionu z kurczaka, ciepłego
- 2 łyżeczki pokruszonych płatków czerwonej papryki
- 2 łyżeczki sosu Adobo z chipotles w adobo
- 2 łyżeczki soku z limonki
- 2 uncje złotej tequili
- 2 duże papryczki Poblano

DO DEKORACJI:
- Awokado, pokrojone
- Ćwiartki limonki
- Świeża kolendra
- Kruszone chipsy tortilla

INSTRUKCJE
a) W dużym garnku rozgrzej olej na dużym ogniu. Gdy będzie już gorący, dodaj kurczaka z 1 łyżeczką oregano i smaż kurczaka przez około 5 minut. Wyjmij kurczaka na talerz.

b) Zmniejsz temperaturę do średnio-wysokiej. Dodać cebulę, czosnek i 1 łyżeczkę oregano. Smażyć, aż cebula zmięknie, około 3 minut. Gdy cebula zmięknie, dodać hominy, sól, paprykę, pieprz cayenne, bulion, płatki czerwonej papryki, sos adobo, sok z limonki i tequilę.

c) Doprowadzić mieszaninę do wrzenia, a następnie zmniejszyć ogień. Przykryj i gotuj na wolnym ogniu przez 10 minut.

d) Używając dwóch widelców, rozdrobnij kurczaka. Wróć do zupy i zagotuj mieszaninę. Zmniejsz ogień i gotuj pod przykryciem przez 10 minut.

e) Gdy zupa się gotuje, dodaj poblanos do blachy i upiecz pod grillem ustawionym na wysoką temperaturę. Smażymy do zwęglenia i bulgotania po obu stronach, około 2 minuty na stronę.

f) Usuń łodygi, skórkę i nasiona z ugotowanego poblanos. Poblanos posiekać i dodać do zupy. Gotuj przez około 1 minutę.

g) Podawaj natychmiast z pokrojonym awokado, cząstkami limonki, kolendrą i pokruszonymi chipsami tortilla.

DESERY

68. Ciasto Margarita

Ilość: 10 porcji

SKŁADNIKI:
- 10-uncjowe opakowanie mrożonych truskawek w rozmrożonym syropie
- Opakowanie 8 uncji serka śmietankowego, zmiękczonego
- ½ szklanki rozmrożonej mieszanki Margarita
- 4 uncje Chłodny bicz, rozmrożony
- 1 opakowanie ciasta z krakersami graham

INSTRUKCJE:
a) Umieść truskawki, serek śmietankowy i koncentrat mieszanki margarity w blenderze lub robocie kuchennym.
b) Przykryj i mieszaj na średniej prędkości, aż składniki będą dobrze wymieszane.
c) Wlać mieszaninę do średniej miski; dodać ubitą polewę.
d) Wlać na spód ciasta. Zamrażaj przez 4 do 6 godzin lub do momentu, aż będzie twarde.
e) Przed pocięciem odstaw w temperaturze pokojowej na 5 do 10 minut.

69.ciasto truskawkowe Margarita

Ilość: 8 porcji

SKŁADNIKI:
- 1 ¼ szklanki Drobno pokruszonych precli
- ¼ szklanki) cukru
- ½ szklanki masła czy margaryny? stopiony
- 1 puszka Słodzonego mleka skondensowanego? 14 uncji
- ¼ szklanki soku z limonki
- 2 łyżki tequili
- 2 łyżki likieru pomarańczowego
- 1 opakowanie Truskawki w syropie; 10 uncji rozmrożone
- 1 szklanka śmietany do ubijania

INSTRUKCJE:

a) Aby zrobić spód: Połącz precle, cukier i roztopione masło. Mocno dociśnij dno 8-calowej formy do pieczenia. Chłod.

b) Do nadzienia połącz mleko skondensowane, sok z limonki, tequilę i likier pomarańczowy. Ubijaj, aż będzie gładkie. Dodaj truskawki i ubijaj na małych obrotach, aż składniki dobrze się połączą.

c) Dodajemy śmietanę. Wylać na spód i zamrozić na 4–6 godzin lub do momentu, aż masa będzie twarda.

d) Przed podaniem odstawić na 15 minut w temperaturze pokojowej.

70.Kosmopolityczny sorbet

SKŁADNIKI:
- 1 szklanka koktajlu Cosmopolitan
- 1/2 szklanki cukru
- 1/2 szklanki wody
- Skórka z 1 pomarańczy

INSTRUKCJE:

a) W rondelku wymieszaj koktajl Cosmopolitan, cukier, wodę i skórkę pomarańczową.

b) Doprowadzić mieszaninę do wrzenia, mieszając, aż cukier się rozpuści.

c) Zdjąć z ognia i pozostawić do ostygnięcia.

d) Wlać mieszaninę do maszyny do lodów i ubić zgodnie z instrukcją producenta.

e) Sorbet przełóż do pojemnika i zamroź, aż stwardnieje.

71.Sernik Margarita

Na: 12 porcji

SKŁADNIKI:
- 1 ¼ szklanki okruszków ciasteczek waniliowych
- ¼ szklanki roztopionego niesolonego masła
- 3 8-uncjowe opakowania serka śmietankowego
- Temperatura pokojowa
- 2 szklanki kwaśnej śmietany
- 1 ¼ szklanki cukru
- 3 łyżki Grand Marniera
- 3 łyżki złotej tequili
- 3 łyżki soku z limonki
- 2 łyżeczki startej skórki limonki
- 4 duże jajka

INSTRUKCJE:
a) Nagrzej piekarnik do 350 stopni. Wymieszaj okruszki ciasteczek i masło w średniej misce, aż się połączą.
b) Wciśnij mieszaninę na spód i 1-calowe boki formy sprężynowej o średnicy 9 cali i bokach o wysokości 2 3/4 cala. Przechowywać w lodówce podczas przygotowywania do napełniania.
c) Za pomocą miksera elektrycznego ubij serek śmietankowy w dużej misce, aż będzie puszysty.
d) Dodaj 1 szklankę kwaśnej śmietany, 1 szklankę cukru, Grand Marnier, tequilę, sok z limonki i skórkę z limonki i ubijaj, aż dobrze się wymieszają. Dodawaj po 1 jajku, ubijając po każdym dodaniu, aż składniki się połączą.
e) Nadzienie wylać na spód. Piec, aż środek będzie miękki, około 50 minut. Utrzymuj temperaturę piekarnika. W małej misce wymieszaj pozostałą 1 szklankę kwaśnej śmietany, ¼ szklanki cukru i 1 łyżkę soku z limonki. Wylać na sernik. Za pomocą szpatułki wygładź wierzch. Sernik pieczemy 5 minut dłużej.
f) Przełożyć blachę na kratkę i całkowicie ostudzić. Przechowywać w lodówce do momentu dobrego schłodzenia, co najmniej 4 godzin lub przez całą noc.
g) Przesuń nożem po bokach patelni, aby poluzować ciasto. Zdjąć boki patelni. Udekoruj ciasto plasterkami limonki.

72. Mimozy Macarons

SKŁADNIKI:
DO WYPEŁNIENIA:
- ½ szklanki ciężkiej śmietany, podzielone
- ½ szklanki białego wina musującego
- 2 łyżki skrobi kukurydzianej
- 2 łyżki granulowanego cukru
- 1 całe jajko
- 2 żółtka
- 2 łyżki niesolonego masła
- 1 łyżeczka ekstraktu waniliowego

NA MUSZKI MAKARONU:
- 100 gramów mączki migdałowej
- 1 szklanka cukru pudru
- skórka z jednej pomarańczy
- 3 białka jaj
- ⅛ łyżeczki kremu z kamienia nazębnego
- ¼ szklanki + 2 łyżeczki drobnego cukru
- Barwnik w żelu w paście różowo-żółtej i cytrynowo-żółtej (opcjonalnie)

INSTRUKCJE:
WYKONAJ NADZIENIE:
a) W misce wymieszaj ¼ szklanki śmietanki ze skrobią kukurydzianą, żółtkami i całym jajkiem; odłożyć na bok.

b) W małym rondlu wymieszaj pozostałą śmietankę, wino musujące i cukier granulowany i postaw na średnim ogniu.

c) Gdy mieszanina zacznie się gotować, dodaj jedną trzecią do masy jajecznej, energicznie mieszając.

d) Wlać ogrzaną masę jajeczną z powrotem do rondla i gotować na małym ogniu, aż zgęstnieje.

e) Zdjąć z ognia i wymieszać z niesolonym masłem i ekstraktem waniliowym.

f) Przecedzić mieszaninę przez sitko o drobnych oczkach do żaroodpornej miski, przykryć powierzchnię folią i schłodzić w lodówce.

PRZYGOTOWAĆ MUSZKI MAKARONU:
g) Przesiej mąkę migdałową i cukier puder, odrzuć większe kawałki i dodaj skórkę pomarańczową do mieszanki.
h) W osobnej misce ubić białka na pianę, następnie dodać krem kamienny i kontynuować ubijanie, aż powstanie miękka piana.
i) Powoli dodawaj drobny cukier, kontynuując ubijanie białek.
j) zabarwić mieszaninę barwnikiem spożywczym w postaci różowo-różowej i cytrynowo-żółtej pasty żelowej.
k) Ubijaj mieszaninę, aż uzyskasz sztywną pianę.
l) Delikatnie wymieszaj mieszaninę migdałów z ubitymi białkami, aż ciasto będzie spływać ze szpatułki długą wstążką.
m) Przenieś ciasto do rękawa cukierniczego wyposażonego w małą okrągłą końcówkę i wyciskaj krążki o średnicy jednego cala na wyłożoną pergaminem blachę do pieczenia.
n) Rozgrzej piekarnik do 190 stopni C (375 stopni F).
o) Pozostaw skorupki makaronika do wyschnięcia i uformuj cienką błonę/skórkę przez około 20-30 minut.
p) Zmniejsz temperaturę piekarnika do 163 stopni C i piecz skorupki makaronika przez 12-15 minut.
q) Ochłodzić muszle na blasze do pieczenia.
MONTAŻ MAKARONÓW:
r) Gdy muszle ostygną, wyciśnij około dwóch łyżeczek schłodzonego nadzienia na połowę muszli.
s) Przełóż nadzienie pozostałymi skorupkami.

73. Staroświecki Pudding Chlebowy

SKŁADNIKI:
- 4 szklanki czerstwego chleba w kostkach
- 1 szklanka mleka
- 1/4 szklanki bourbona
- 1/4 szklanki brązowego cukru
- 2 jajka
- 1 łyżeczka ekstraktu waniliowego
- 1/2 łyżeczki mielonego cynamonu

INSTRUKCJE:
a) W misce wymieszaj mleko, bourbon, brązowy cukier, jajka, ekstrakt waniliowy i mielony cynamon.
b) Wlać powstałą mieszaninę do kostek chleba i pozostawić na 30 minut.
c) Piec w piekarniku nagrzanym do temperatury 175°C, aż budyń stwardnieje i będzie złocistobrązowy.

74. Lody Mimoza

SKŁADNIKI:
- 2 szklanki + 2 łyżki pełnego mleka
- 1 ¼ szklanki ciężkiej śmietanki
- 2 łyżki syropu kukurydzianego
- ½ szklanki białego granulowanego cukru
- 1 łyżeczka soli koszernej
- 1 ½ łyżki skrobi kukurydzianej
- 1 łyżeczka ekstraktu waniliowego
- ½ łyżeczki ekstraktu pomarańczowego
- 2 łyżki skórki pomarańczowej
- ⅓ szklanki szampana

INSTRUKCJE:
a) W rondlu o pojemności 4 litrów wymieszaj 2 szklanki mleka, gęstą śmietanę, syrop kukurydziany, cukier i sól. Doprowadzić do wrzenia na średnim ogniu. Obserwuj uważnie i często mieszaj.
b) W osobnej misce wymieszaj skrobię kukurydzianą i odłóż 2 łyżki mleka, aż masa będzie gładka. Ustawione przy rondlu.
c) Gdy mieszanina zacznie się gotować, wymieszaj, aby upewnić się, że cały cukier się rozpuścił. Pozwól mieszaninie powoli się gotować przez 2 minuty. Następnie zdejmij z ognia i wymieszaj mieszaninę skrobi kukurydzianej. Wróć do ognia i mieszaj, aż mieszanina zacznie bulgotać.
d) Zdjąć z ognia i wymieszać z wanilią, ekstraktem pomarańczowym i skórką pomarańczową. Pozostawić do ostygnięcia do temperatury pokojowej na około 20 minut. Następnie przelać do szczelnego pojemnika przez sitko, aby pozbyć się grudek i skórki.
e) Schładzaj co najmniej 6 godzin.
f) Gdy baza lodowa ostygnie, wyjąć ją z lodówki i wlać do maszyny do lodów. Dodaj szampana na bazę lodową.
g) Postępuj zgodnie z instrukcjami producenta, ponieważ mogą się one różnić w zależności od producenta. Włóż łopatkę i ubijaj, aż masa będzie gęsta. W przypadku końcówki do lodów KitchenAid zajmuje to około 25–30 minut.
h) Gdy lody się zarumienią, przełóż je do hermetycznego pojemnika do zamrażania. Zamrozić na 4-6 godzin przed podaniem, aby mieć pewność, że ma dobrą konsystencję.

75. Margarita pot de creme

Ilość: 8 porcji

SKŁADNIKI:
- ⅔ szklanki granulowanego cukru
- 2 łyżeczki skrobi kukurydzianej
- 1 łyżka drobno startej skórki z limonki
- ⅓ szklanki soku z limonki
- Po 2 łyżki tequili i triple sec
- 4 żółtka jaj
- 1 szklanka śmietany do ubijania
- 2 szklanki pokrojonych truskawek
- 8 pasków skórki limonki

INSTRUKCJE:
a) W ciężkim rondlu na średnim ogniu ubić cukier ze skrobią kukurydzianą. Wymieszać ze skórką i sokiem, tequilą, Triple Sec i żółtkami? gotować, mieszając, przez 4 minuty lub do momentu, aż zgęstnieje i na powierzchni pojawią się pęcherzyki.

b) Przełożyć do miski? połóż plastikową folię na powierzchni. Przechowywać w lodówce przez 1 godzinę lub do momentu, aż będzie bardzo zimno.

76.Mus truskawkowy margarita

Ilość: 5 porcji

SKŁADNIKI:
- 4 szklanki Truskawki całe, bez łusek
- 1 szklanka cukru
- 3 łyżki Wrzącej wody
- 4 łyżeczki niesmakowanej żelatyny
- ¼ szklanki tequili
- 1 łyżka Triple Sec
- 2 szklanki zwykłego, odtłuszczonego jogurtu

INSTRUKCJE:
a) Umieść truskawki w blenderze i zmiksuj na gładką masę. Wlać do dużej miski? wymieszać z cukrem. Przykryj i odstaw na 30 minut, od czasu do czasu mieszając.
b) Połącz wrzącą wodę i żelatynę w małej misce; odstawić na 5 minut lub do rozpuszczenia żelatyny, ciągle mieszając. Dodaj tequilę i triple sec i dobrze wymieszaj. Wymieszaj mieszaninę żelatyny z masą truskawkową.
c) Przykryj i schładzaj przez 10 minut lub do momentu, aż mieszanina zacznie gęstnieć. Dodajemy jogurt i mieszamy trzepaczką, aż składniki dobrze się połączą.
d) Rozdzielić mieszaninę równomiernie pomiędzy 5 kieliszków do margarity lub szklanek z dużą nóżką; przykryj i schładzaj przez co najmniej 4 godziny lub do momentu, aż zastygnie.

77. Hiszpańskie ciasto migdałowe z tequilą

Na: 8 porcji

SKŁADNIKI:
- 1 szklanka + 2 łyżki migdałów; lekko palone
- 1 Mąkę o wszechstronnym przeznaczeniu
- 1¼ łyżeczki proszku do pieczenia
- ¼ łyżeczki soli
- ½ funta masła? nieposolony
- 1 szklanka cukru
- Świeżo starta gałka muszkatołowa
- ½ litra gęstej śmietanki
- 3 łyżki cukru pudru
- 4 jajka
- ¼ łyżeczki czystego ekstraktu migdałowego
- 3 łyżki tequili Anejo
- 2 łyżeczki skórki pomarańczowej
- 1 łyżeczka skórki z cytryny
- ¼ łyżeczki gałki muszkatołowej; tarty
- Pokrojone mango
- ¼ łyżeczki ekstraktu waniliowego
- 1 łyżka Tequili Anejo

INSTRUKCJE:
a) Drobno zmiel wszystkie migdały. Odłóż 2 łyżki zmielonych orzechów na bok. Pozostałe orzechy wymieszać z mąką, proszkiem do pieczenia i solą, odstawić.
b) Masło utrzeć z cukrem mikserem elektrycznym. Dodawaj jajka, jedno po drugim, dobrze wymieszaj i wymieszaj z ekstraktem migdałowym, tequilą, skórkami cytrusów i ¼ łyżeczki startej gałki muszkatołowej. Mieszaj mieszaninę migdałów i mąki, aż się połączy. Rozłóż ciasto na patelni o wymiarach 9½ cala na 2 cale, wysmarowanej masłem i posypanej mąką.
c) Posypać pozostałymi zmielonymi migdałami. Umieścić w nagrzanym piekarniku o temperaturze 325 stopni na środkowej półce i piec, aż tester wyjdzie czysty.
d) Chłodzenie przez 10 minut? zdjąć z patelni przewracając na talerz. Posypać cukrem cukierniczym i świeżo startą gałką muszkatołową; garnirunek. Podawać z pysznym napojem kawowym lub ajerkoniakiem.

BITNA ŚMIETANA MEKSYKAŃSKA:

e) W schłodzonej misie ze stali nierdzewnej z schłodzonymi ubijakami ubijaj śmietanę, aż lekko zgęstnieje.

f) Powoli dodawaj cukier puder, wanilię i tequilę i ubijaj, aż utworzą się sztywne kopczyki.

78. Margarita z mango i pasją

Na: 8 porcji

SKŁADNIKI
- 3 szklanki zagęszczonej śmietany marki Coles
- 1 szklanka cukru białego marki Coles
- 1/3 szklanki świeżego soku z limonki
- 3 łyżki tequili
- 2 łyżeczki drobnej skórki z limonki
- 1 mango, obrane, pozbawione pestek i pokrojone w kostkę
- 1 banan, obrany, pokrojony w kostkę
- 3 marakuja

INSTRUKCJE:
a) Aby przygotować kremy: W średnio ciężkim rondlu zagotuj śmietanę z cukrem na średnim ogniu, mieszając, aż cukier się rozpuści.
b) Gotuj przez 3 minuty, ciągle mieszając i zmniejszając ogień w miarę potrzeby, aby zapobiec wykipieniu mieszaniny.
c) Zdejmij rondelek z ognia. Dodaj sok z limonki i tequilę, odstaw na 10 minut. Wymieszaj skórkę z limonki.
d) Używając około 1/2 szklanki mieszanki kremowej na każdą porcję, podziel krem pomiędzy osiem małych filiżanek lub szklanek deserowych. Przykryj i przechowuj w lodówce aż do zestalenia, co najmniej 4 godziny lub przez całą noc.
e) Przygotowanie owoców: W dużej misce połącz mango i banana. Marakuję przekrój na pół, wyjmij miąższ i sok, a następnie polej nim mango i banana. Delikatnie wymieszaj owoce, aby pokryły się marakują.
f) Sposób podania: Połóż owoce na kremie i natychmiast podawaj.

79. Sernik Pina Colada

Ilość: 1 porcja

SKŁADNIKI
- Skórka Kokosowa
- 2 koperty z niesmakowanej żelatyny
- Cukier
- 1 puszka (6 uncji) soku ananasowego
- 3 Jajka, oddzielone
- 3 opakowania (po 8 uncji) serka śmietankowego, zmiękczonego
- ¼ szklanki ciemnego rumu jamajskiego
- ¼ łyżeczki ekstraktu kokosowego
- 1 puszka (20 uncji) zmiażdżonego ananasa
- 1 łyżka skrobi kukurydzianej

INSTRUKCJE
a) Przygotuj skórkę kokosową (patrz poniżej). W rondelku wymieszaj żelatynę i ½ szklanki cukru. Dodaj sok ananasowy. Stań przez 1 minutę. Podgrzewaj na małym ogniu, aż żelatyna się rozpuści (5 minut). Zdjąć z ognia.
b) Dodawać żółtka, jedno po drugim, dobrze ubijając po każdym. Lekko ostudzić. Ubij ser śmietankowy, aż będzie puszysty.
c) Wymieszaj mieszaninę żelatyny z rumem i ekstraktem kokosowym.
d) Szybko schłodzić, ustawiając mieszaninę nad miską z lodowatą wodą? mieszać, aż lekko zgęstnieje. Białka ubić na pianę.
e) Stopniowo dodawaj ¼ szklanki cukru, aż utworzy się sztywna piana. Zalać żelatyną. Zamienić w przygotowany spód. Schłodzić przez noc.
f) W rondlu wymieszaj nieodsączonego ananasa z 2 łyżkami cukru i skrobią kukurydzianą. Gotuj, mieszając, aż się zagotuje i zgęstnieje. Fajny. Połóż łyżką na serniku. Porcja od 8 do 10.
g) Ciasto kokosowe Wymieszaj 1½ szklanki okruchów wafla waniliowego z 1 szklanką płatków kokosowych. Wymieszać z ⅓ szklanki roztopionego masła. Naciśnij spód i boki tortownicy o średnicy 8 lub 9 cali. Schłodź, aż będzie gotowy do użycia.

80.Lody Margarita bez ubijania

Na: 6 porcji

SKŁADNIKI
- 125 mililitrów świeżego soku z limonki
- 2 łyżki (30ml) tequili
- 3 łyżki (45 ml) Cointreau (lub triple sec)
- 150 g cukru pudru (lub cukru pudru)
- 500 mililitrów podwójnej śmietanki

INSTRUKCJE:
a) Do miski wlej sok z limonki, tequilę i Cointreau, dodaj cukier do rozpuszczenia.
b) Dodaj śmietanę i delikatnie ubijaj, aż masa będzie gęsta i gładka, ale nie sztywna.
c) Przełóż to do hermetycznego pojemnika, aby zamrozić przez noc.

81. Klasyczne ciasto mimozowe

SKŁADNIKI:
CIASTA BISZKOWE:
- 1 ¼ szklanki (250 g) cukru
- 1 ¼ szklanki (140 g) mąki uniwersalnej (00)
- ¾ szklanki (120 g) skrobi ziemniaczanej
- 8 jajek w temperaturze pokojowej
- 2 laski wanilii
- 1 szczypta drobnej soli

KREM DO CIASTA (NA 30 uncji / 850 G):
- 5 żółtek
- 1 szklanka (175 g) cukru
- 2 szklanki (500 ml) pełnego mleka
- ½ szklanki (125 ml) gęstej śmietany
- 7 łyżek (55 g) skrobi kukurydzianej
- 1 laska wanilii

KREM CHANTILLY:
- ½ szklanki (100 ml) gęstej śmietanki
- 2 ½ łyżki (10 g) cukru pudru

SYROP LIKIEROWY:
- 0,6 szklanki (130 g) wody
- 0,3 szklanki (75 g) cukru
- 0,3 szklanki (70 g) likieru Grand Marnier
- Do dekoracji:
- Cukier puder (do smaku)

INSTRUKCJE:
PRZYGOTOWANIE CIASTA BISZKOWEGO:
a) Rozgrzej piekarnik do 160°C w trybie statycznym. Nasmaruj tłuszczem i mąką dwie formy do ciasta o średnicy 20 cm.

b) W mikserze rozbij jajka, dodaj ziarenka z lasek wanilii, szczyptę soli i powoli dodawaj cukier. Ubijaj na umiarkowanej prędkości przez około 15 minut, aż jajka potroją swoją objętość i staną się płynne i kremowe.

c) Mąkę i skrobię ziemniaczaną przesiej razem. Delikatnie wymieszaj proszek z masą jajeczną ruchami w górę za pomocą szpatułki, aż masa stanie się jednorodna.

d) Rozłóż ciasto równo pomiędzy dwie tortownice. Piec w nagrzanym piekarniku na dolnej półce przez około 50 minut lub do momentu, aż wykałaczka będzie sucha.

e) Przed wyjęciem ciastek należy je całkowicie wystudzić w foremkach. Następnie przenieś na stojak do studzenia, aby zakończyć chłodzenie.
f) Przygotowanie kremu dyplomatycznego:
g) Aby przygotować krem do ciasta, podgrzej mleko, gęstą śmietanę i laskę wanilii (otwartą) na patelni, aż prawie się zagotuje.
h) W osobnej misce ubić żółtka z cukrem i ziarenkami wanilii. Do powstałej masy przesiać skrobię kukurydzianą i wymieszać.
i) Wyjmij laskę wanilii z mieszanki mlecznej i powoli wlewaj jedną łyżkę gorącego mleka do mieszanki z żółtkami, mieszając trzepaczką do rozpuszczenia.
j) Wszystko wlać z powrotem na patelnię z gorącym mlekiem i gotować na małym ogniu, ciągle mieszając, aż zgęstnieje. Przełóż krem z ciasta do naczynia żaroodpornego, przykryj folią i pozostaw do całkowitego ostygnięcia.
k) W osobnej misce ubić świeżą śmietanę z cukrem pudrem, aż będzie dobrze ubita. Do ostudzonego kremu cukierniczego dodać łyżkę bitej śmietany i energicznie wymieszać. Następnie delikatnie dodaj pozostałą bitą śmietanę. Przykryj folią spożywczą i wstaw do lodówki na około 30 minut, aby stwardniało.

PRZYGOTOWANIE SYROPU :
l) W rondelku wymieszaj wodę, cukier i likier Grand Marnier. Podgrzewaj i mieszaj, aż cukier się rozpuści. Niech syrop ostygnie.
Składanie ciasta:
m) Odetnij zewnętrzną skórkę z obu biszkoptów, pozostawiając tylko jaśniejszą część, aby zmniejszyć ilość odpadów.
n) Weź jeden biszkopt i pokrój go na trzy równe warstwy.
o) Pierwszą warstwę ułóż na talerzu i zwilż syropem.
p) Na zwilżoną warstwę rozprowadzamy około ¼ schłodzonego kremu dyplomatycznego.
q) Powtórzyć z drugą warstwą, syropem i śmietaną. Następnie ułóż ostatnią warstwę i namocz ją pozostałym syropem.
r) Pozostałą schłodzoną śmietaną posmaruj wierzch i boki ciasta.
s) Drugi biszkopt pokroić w pionowe plasterki, a następnie w drobną kostkę.
t) Kostki biszkoptu układamy na całej powierzchni ciasta, łącznie z brzegami.
u) Przed podaniem ciasto należy schłodzić przez kilka godzin.
v) Przed podaniem posyp klasyczne ciasto mimozowe cukrem pudrem.

SKŁADOWANIE:

w) Złożony Ciasto Mimosa można przechowywać w lodówce do 3-4 dni. Sam biszkopt można przechowywać 2 dni zawinięty w folię lub zamrożony do 1 miesiąca. Krem można też przechowywać 2-3 dni w lodówce.

82.Babeczki Mimozy

SKŁADNIKI:
- 1 opakowanie mieszanki ciasta waniliowego
- 1 ¼ szklanki szampana, podzielone
- ⅓ szklanki oleju roślinnego
- 3 duże jajka
- 2 łyżeczki skórki pomarańczowej, podzielone
- 1 szklanka (2 kostki) masła, miękkiego
- 4 szklanki cukru pudru
- 1 łyżeczka czystego ekstraktu waniliowego
- Szczypta soli koszernej
- Złoty cukier mielony
- Kawałki pomarańczy do dekoracji

INSTRUKCJE:
a) Rozgrzej piekarnik do 350°F i wyłóż dwie foremki na babeczki papilotkami.
b) W dużej misce wymieszaj ciasto waniliowe z 1 szklanką szampana, olejem roślinnym, jajkami i 1 łyżeczką skórki pomarańczowej.
c) Babeczki upiec zgodnie z instrukcją na opakowaniu.
d) Przed nałożeniem lukru należy babeczki całkowicie wystudzić.
e) W międzyczasie przygotuj lukier szampański: w dużej misce za pomocą ręcznego miksera utrzyj zmiękczone masło, aż będzie jasne i puszyste.
f) Dodaj 3 szklanki cukru pudru i ubijaj, aż nie pozostaną grudki.
g) Zmieszaj pozostałą ¼ szklanki szampana, czysty ekstrakt waniliowy, pozostałą łyżeczkę skórki pomarańczowej i szczyptę soli. Ubijaj, aż dobrze się połączą.
h) Dodaj pozostałą 1 szklankę cukru pudru i ubijaj, aż lukier będzie jasny i puszysty.
i) Posmaruj ostudzone babeczki za pomocą przesuniętej szpatułki.
j) Udekoruj każdą babeczkę posypką złotego cukru pudru i małym kawałkiem pomarańczy.

83. Ciasto Margarita w słoikach

Na: 8 porcji

SKŁADNIKI
SKORUPA
- 1/2 szklanki okruszków krakersów graham i więcej do dekoracji
- 1 łyżka roztopionego solonego masła

POŻYWNY
- 2 łyżki zimnej wody
- 1 koperta 0,25 uncji sproszkowana żelatyna
- 12 uncji. puszka skondensowanego mleka
- 1 szklanka granulowanego cukru
- 1/2 szklanki soku z limonki
- 2 łyżki likieru pomarańczowego
- 1 łyżka tequili
- 1 szklanka ciężkiej śmietanki ubitej na sztywną pianę
- Krążki limonkowe do dekoracji (opcjonalnie)

INSTRUKCJE
ZROBIĆ KRUSZTĘ:
a) Połącz okruszki krakersów graham i masło w dużej misce. Mieszaj, aż okruchy pokryją się masłem. Podzielić pomiędzy osiem filiżanek deserowych o pojemności 4 1/2 uncji. Lekko potrząśnij słoikami, aby wyrównać okruszki. Ubić okruszki za pomocą łyżki lub dna kieliszka.

PRZYGOTUJ NADZIENIE:
b) Do małej filiżanki wlej zimną wodę i szybko wymieszaj z sproszkowaną żelatyną. Odstaw do momentu ustawienia, około 2 minut.
c) Podgrzej skondensowane mleko i cukier, a następnie w małym rondlu postaw na średnim ogniu żelatynę. Mieszaj, aż cukier się rozpuści, a mieszanina będzie gorąca, ale nie wrząca. Zdjąć ze źródła ciepła. Dodaj sok z limonki. Wlać mieszaninę do średniej miski i przechowywać w lodówce do ostygnięcia, około 30 minut. Dodaj likier pomarańczowy i tequilę. Dobrze wymieszaj.
d) Dodajemy połowę ubitej śmietany, masa powinna być gęsta, ale lejąca.
e) Rozdzielić nadzienie pomiędzy słoiki wypełnione mieszanką okruszków graham. Przechowywać w lodówce przez 2 godziny lub do momentu stwardnienia. Pozostałą ubitą polewę przełożyć do rękawa cukierniczego z zamkniętą końcówką w kształcie gwiazdki (Wilton 2D) i

wycisnąć bitą śmietanę na wierzch przygotowanego nadzienia. Można też pominąć nadziewanie i nakładać łyżką bitą śmietanę.

f) Bitą śmietanę posypujemy okruchami grahamu. Udekoruj limonkowymi kołami, jeśli używasz. Przechowywać w lodówce do momentu podania.

84. Granita Pina Colada

Na: 6 porcji

SKŁADNIKI
- 2 1/2 szklanki ananasa w 1/2-calowych kostkach
- 1 (12 uncji) puszka kremu kokosowego
- 1/2 szklanki świeżego soku z limonki
- 1/2 szklanki świeżego soku pomarańczowego
- 3 łyżki ciemnego rumu
- 2 łyżki Triple Sec

INSTRUKCJE
a) Pracując partiami, przetwarzaj ananasa w robocie kuchennym przez 15 sekund. Przełożyć do dużego naczynia. Wymieszaj śmietankę kokosową, sok z limonki, sok pomarańczowy, rum i Triple Sec.
b) Przykryj folią spożywczą i włóż do zamrażarki na noc.
c) Pracując partiami, pulsuj zamrożoną mieszaninę w robocie kuchennym 10 razy, a następnie przetwarzaj, aż będzie gładka, około 90 sekund.
d) Przykryj i zamrażaj przez 2 godziny lub do momentu, aż będzie twarde.

85. Miękka Piña Colada

Wychodzi około 1½ kwarty

SKŁADNIKI
- 12 uncji ubitej polewy
- 12 uncji śmietanki kokosowej
- Sok z ananasa
- ¼ szklanki rumu kokosowego
- 2 łyżki brązowego cukru
- Skórka z 1 limonki

INSTRUKCJE

a) W misce delikatnie wymieszaj ubitą polewę, śmietankę kokosową, sok ananasowy, rum, cukier i skórkę z limonki, uważając, aby nie spuścić powietrza z ubitej polewy.

b) Dodatkowa ciecz w tym przepisie wymaga nieco dokładniejszego wymieszania, ale się połączy.

86.Pina Colada Babeczki

Na: 24 babeczki

SKŁADNIKI
- 1 pudełko o masie 18,25 uncji mieszanki na ciasto z białą czekoladą
- 1 pudełko 3,9-uncjowej mieszanki błyskawicznego francuskiego budyniu waniliowego
- ¼ szklanki oleju kokosowego
- ½ szklanki wody
- 2/3 szklanki jasnego rumu, podzielone
- 4 jajka
- 1 14-uncjowa puszka plus 1 szklanka pokruszonego ananasa
- 1 szklanka słodzonych płatków kokosowych
- 1 16-uncjowa tuba lukru waniliowego
- 1 12-uncjowa tuba bitej polewy niemlecznej
- Prażony kokos do dekoracji
- Parasole koktajlowe

INSTRUKCJE

a) Rozgrzej piekarnik do 350°F.

b) Wymieszaj masę ciasta, mieszankę budyniową, olej kokosowy, wodę i 1/3 szklanki rumu za pomocą miksera elektrycznego ustawionego na średnią prędkość. Dodawaj po jednym jajku, powoli ubijając ciasto.

c) Dodaj puszkę ananasa i kokosa. Przelać do foremek i piec 25 minut.

d) Aby przygotować lukier, wymieszaj pozostałą 1 szklankę pokruszonego ananasa 1/3 szklanki rumu i lukier waniliowy, aż zgęstnieje.

e) Dodaj niemleczną ubitą polewę.

f) Posmaruj całkowicie wystudzone babeczki i udekoruj prażonym kokosem i parasolką.

87.Lody Pina Colada

Sprawia: 2

SKŁADNIKI
- 13,5 uncji mleka kokosowego
- 15 uncji śmietanki kokosowej
- ⅓ – ½ szklanki cukru kryształu
- ¼ szklanki soku ananasowego
- 2 łyżeczki ekstraktu waniliowego lub pasty waniliowej
- ½ szklanki pokrojonego w kostkę ananasa, puree
- ¼ szklanki rumu
- prażone płatki kokosowe, do podania

INSTRUKCJE
a) W dużej misce wymieszaj mleko kokosowe, śmietankę i cukier. Ubijaj przez 2-3 minuty na małych obrotach, aż cukier się rozpuści. Wymieszaj sok ananasowy, ekstrakt waniliowy i puree ananasowe.
b) Schłodzić mieszaninę przez noc.
c) Włącz maszynę do lodów. Wlać schłodzoną mieszaninę do miski zamrażarki i pozostawić do zgęstnienia na około 25-30 minut. Jeśli używasz rumu, dodaj go teraz i poczekaj jeszcze 2-3 minuty.
d) Przenieś miękkie lody do miski przeznaczonej do zamrażania i zamrażaj przez dodatkowe 2 godziny, aby dojrzeć.
e) Podawać z prażonymi płatkami kokosowymi.

88.Ciasto lody bezowe Piña Colada

Na: 6 porcji

SKŁADNIKI
- ½ szklanki suszonego ananasa
- 20 g gorzkiej (70%) czekolady
- 100 g gotowej bezy
- 1 ¼ szklanki ciężkiej śmietanki
- 2-4 łyżki rumu kokosowego Malibu
- Świeża mięta lub prażone wiórki kokosowe do dekoracji

INSTRUKCJE
a) Formę do pieczenia o wymiarach 13 x 23 cm wyłóż folią spożywczą. Pamiętaj, aby pozostawić kilka cm plastiku wystającego z boków.
b) Pokrój ananasa tak, aby żaden kawałek nie był większy od rodzynki. Zrób to samo z czekoladą.
c) Bezę rozgniatamy na kruszonkę. Staraj się to zrobić szybko, ponieważ beza będzie wchłaniać wilgoć z powietrza i będzie lepka.
d) W dużej misce ubij ciężką śmietankę na puszystą masę. Dodaj Malibu, następnie ubijaj ponownie przez kilka sekund, aż powrócą miękkie szczyty.
e) Do miski dodać ananasa i czekoladę i delikatnie wymieszać je ze śmietaną. Dodać bezę i ponownie delikatnie wymieszać. Wlać wszystko do formy i delikatnie uderzyć kilka razy w blat, aby zawartość osiadła i się rozprowadziła. Złóż wystający plastik na wierzch ciasta, a następnie owiń puszkę kolejną warstwą plastikowego opakowania. Ciasto włóż na noc do zamrażalnika.
f) Podczas serwowania użyj wystającego plastiku, aby wyciągnąć ciasto z formy. Pokrój i posyp gałązkami mięty lub jeszcze lepiej posyp prażonymi wiórkami kokosowymi. To miękkie ciasto z kremem, więc pochłoń je natychmiast.

89. Sernik Piña Colada bez pieczenia

Ilość: 10 porcji

SKŁADNIKI
- 1 skórka kokosowa
- 2 koperty z niesmakowanej żelatyny
- Cukier
- 6 uncji soku ananasowego
- 3 Jajka, oddzielone
- Trzy 8-uncjowe opakowania miękkiego serka śmietankowego
- ¼ szklanki ciemnego rumu jamajskiego
- ¼ łyżeczki ekstraktu kokosowego
- 20-uncjowa puszka pokruszonego ananasa
- 1 łyżka skrobi kukurydzianej

INSTRUKCJE
a) W rondelku wymieszaj żelatynę i ½ szklanki cukru. Dodaj sok ananasowy. Stań przez 1 minutę. Podgrzewaj na małym ogniu, aż żelatyna się rozpuści, około 5 minut. Zdjąć z ognia.
b) Dodawać żółtka, jedno po drugim, dobrze ubijając po każdym. Lekko ostudzić. Ubij ser śmietankowy, aż będzie puszysty.
c) Wymieszaj mieszaninę żelatyny z rumem i ekstraktem kokosowym.
d) Szybko schłodzić, ustawiając mieszaninę nad miską z lodowatą wodą? mieszać, aż lekko zgęstnieje.
e) Białka ubić na pianę.
f) Stopniowo dodawaj ¼ szklanki cukru, aż utworzy się sztywna piana. Zalać żelatyną. Zamienić w przygotowany spód. Schłodzić przez noc.
g) W rondlu wymieszaj nieodsączonego ananasa z 2 łyżkami cukru i skrobią kukurydzianą. Gotuj, mieszając, aż się zagotuje i zgęstnieje. Fajny. Połóż łyżką na serniku.

90.Piña Colada Panna Cotta z limonką i ananasem

Sprawia: 4

SKŁADNIKI
DO PANNA COTTY
- 400 g crème fraîche
- 150 ml mleka kokosowego
- 100 g cukru
- 3 listki niesmakowanej żelatyny

DO SALSY ANANASOWEJ
- 1 dojrzały ananas
- 50 g cukru
- 30 ml rumu Malibu
- 25 g prażonych płatków kokosowych
- 1 limonka
- 1 łyżka liści mięty

INSTRUKCJE
DO PANNA COTTY
a) Żelatynę wsypać do miski z zimną wodą i pozostawić na 5-10 minut, aby zmiękła.
b) Arkusze żelatyny zanurzone w misce z wodą
c) W międzyczasie w średnim rondlu połącz creme fraiche, mleko kokosowe i cukier i zagotuj na średnim ogniu.
d) Creme fraiche, mleko kokosowe i cukier w garnku z trzepaczką
e) Zdjąć z ognia i wymieszać z odsączoną żelatyną. Dobrze wymieszaj, aby upewnić się, że żelatyna całkowicie się rozpuściła. Przecedź przez drobne sito.
f) Odsączoną żelatynę dodajemy do ciepłej mieszanki panna cotta
g) Wlać mieszaninę do 4 osobnych szklanek i wstawić do lodówki na co najmniej 2 godziny.
h) Mieszankę panna cotty przelewamy do kieliszków deserowych, aby zastygła

DO SALSY ANANASOWEJ
i) Obierz ananasa i pokrój go w równą kostkę.
j) Krojenie i krojenie obranego ananasa
k) Na dużej patelni dodaj ananasy, cukier i rum i zagotuj na średnim ogniu. Gotuj przez 2 minuty i odłóż do miski.

l) Do pokrojonego w kostkę ananasa na patelni nad płomieniem dodaje się cukier
m) Zetrzyj skórkę z 1 limonki na ananasy i dobrze wymieszaj. Pozostawić do ostygnięcia w temperaturze pokojowej, a na koniec dodać pokrojoną w drobne paski miętę.
n) Tarcie skórki z limonki na gotowanej kostce ananasa
o) Gdy panna cotta stwardnieje, na wierzch połóż salsę ananasową
p) Dodanie ananasa do przygotowanej panna cotty w szklance deserowej
q) Całość udekoruj prażonymi płatkami kokosa i listkami mięty.

91.Głupiec Piña Colada

Ilość: 6 porcji

SKŁADNIKI
- 1 szklanka odsączonego, niesłodzonego, pokruszonego ananasa
- 1 ½ szklanki śmietanki do ubijania
- ½ szklanki słodzonych wiórków kokosowych
- 1 łyżka likieru kokosowego lub rumu (opcjonalnie)
- Gałązki mięty (opcja)

INSTRUKCJE

a) W blenderze lub robocie kuchennym zmiksuj połowę ananasa; dodać do pozostałego ananasa. W osobnej misce ubić śmietanę; dodać ananasa, kokos i likier kokosowy (jeśli używasz).

b) Podzielić pomiędzy 6 szklanek na długich nóżkach. Schładzaj przez 1 godzinę. Udekoruj miętą (jeśli używasz).

PRZYPRAWY

92. Sos BBQ z Krwawą Mary

SKŁADNIKI:
- 1 szklanka ketchupu
- 1/2 szklanki mieszanki Krwawej Mary
- 1/4 szklanki brązowego cukru
- 2 łyżki sosu Worcestershire
- 1 łyżka octu jabłkowego
- 1 łyżeczka ostrego sosu (dostosuj do smaku)

INSTRUKCJE:
a) W rondelku łączymy wszystkie składniki.
b) Doprowadzić do wrzenia na średnim ogniu, od czasu do czasu mieszając.
c) Gotuj na wolnym ogniu przez około 15-20 minut lub do momentu, aż sos zgęstnieje, a smaki się połączą.
d) Sosu BBQ Bloody Mary używaj jako marynaty lub glazury do grillowanych mięs lub jako przyprawa.

93.Staroświecka marynata do steków

SKŁADNIKI:
- 1/2 szklanki bourbona
- 1/4 szklanki sosu sojowego
- 2 łyżki oliwy z oliwek
- 1 łyżka sosu Worcestershire
- 2 ząbki czosnku, posiekane
- Sól i pieprz do smaku

INSTRUKCJE:
a) Wymieszaj bourbon, sos sojowy, oliwę z oliwek, sos Worcestershire, mielony czosnek, sól i pieprz.
b) Marynaty użyj do steków i pozwól im marynować przez co najmniej godzinę przed grillowaniem.

94. Sos grejpfrutowy do margarity

Ilość: 4 porcje

SKŁADNIKI:
- 4 szalotki
- 2 jalapeno
- 1 łyżka oleju roślinnego
- 1 pęczek łodyg kolendry
- 2 szklanki soku grejpfrutowego
- ½ szklanki bulionu z kurczaka
- 3 uncje Tequila
- ¼ szklanki soku z limonki
- 2 łyżki skrobi kukurydzianej, rozpuszczonej w 2¼ szklanki każdego segmentu grejpfruta, pomarańczy i limonki,
- 2 łyżki posiekanej kolendry
- 1 uncja. likier z gorzkich pomarańczy
- Sól

INSTRUKCJE:
a) Rozgrzej olej w średnim rondlu na średnim ogniu. Dodaj szalotkę, jalapenos i łodygi kolendry i duś przez 3 minuty. Dodaj sok grejpfrutowy, bulion z kurczaka, tequilę i sok z limonki. Doprowadzić do wrzenia.
b) Ciągle mieszając, stopniowo wlewaj mieszaninę skrobi kukurydzianej, aż sos zacznie gęstnieć – nie będzie konieczne zużycie całości. Dusić przez około 20 minut. Przecedź przez drobne sito. Dodaj kawałki cytrusów, kolendrę i Cointreau. Doprawić do smaku solą.

95.Salsa Krwawej Mary

SKŁADNIKI:
- 2 szklanki pokrojonych w kostkę pomidorów
- 1/2 szklanki mieszanki Krwawej Mary
- 1/4 szklanki pokrojonej w kostkę czerwonej cebuli
- 1/4 szklanki posiekanej świeżej kolendry
- 1 jalapeño, posiekane (usuń nasiona, aby uzyskać łagodniejszą salsę)
- 1 ząbek czosnku, posiekany
- Sól i pieprz do smaku

INSTRUKCJE:
a) W misce wymieszaj pokrojone w kostkę pomidory, mieszankę Krwawej Mary, czerwoną cebulę, kolendrę, papryczki jalapeño i czosnek.
b) Doprawić solą i pieprzem.
c) Salsę przechowuj w lodówce przez co najmniej godzinę przed podaniem z chipsami tortilla lub jako dodatek do grillowanych mięs.

96. Sos sałatkowy z dodatkiem Cosmo

SKŁADNIKI:
- 1/4 szklanki koktajlu Cosmopolitan
- 2 łyżki oliwy z oliwek
- 1 łyżka miodu
- 1 łyżeczka musztardy Dijon
- Sól i pieprz do smaku

INSTRUKCJE:
a) W misce wymieszaj koktajl Cosmopolitan, oliwę z oliwek, miód i musztardę Dijon.
b) Doprawić solą i pieprzem.
c) Sosem polej swoją ulubioną sałatkę i wymieszaj.
d) Gotowanie w stylu staroświeckim:

97.Salsa jalapeno margarita

Ilość: 1 porcja

SKŁADNIKI:
- ½ szklanki pokrojonych w kostkę pomidorów
- ½ szklanki średnio drobno posiekanej czerwonej lub białej cebuli
- 4 Lub więcej świeżych papryczek Jalapeno? bardzo drobno posiekane
- 1 ząbek czosnku; mielony
- ½ łyżeczki soli; lub do smaku
- ¼ szklanki złotej lub białej tequili

INSTRUKCJE:
a) Wszystkie składniki połączyć i odstawić na co najmniej 30 minut w temperaturze pokojowej.
b) Posmakuj i dostosuj przyprawy.
c) Na około 1-½ filiżanki.

98.Kompot z jagodami Martini

SKŁADNIKI:
- 2 szklanki różnych owoców jagodowych (np. truskawek, jagód, malin)
- 1/4 szklanki wytrawnego wermutu (Martini)
- 1/4 szklanki cukru
- 1 łyżeczka skórki z cytryny
- 1 łyżka świeżego soku z cytryny

INSTRUKCJE:
a) W rondlu wymieszaj zmieszane jagody, suszony wermut i cukier.
b) Gotuj na średnim ogniu, od czasu do czasu mieszając, aż jagody puszczą sok, a cukier się rozpuści.
c) Wymieszaj skórkę z cytryny i sok z cytryny.
d) Kontynuuj gotowanie przez kilka minut, aż kompot zgęstnieje.
e) Zdjąć z ognia i pozostawić do ostygnięcia.
f) Kompot podawaj z lodami, jogurtem lub jako polewę do naleśników i gofrów.

99.Tapenada Oliwkowa Martini

SKŁADNIKI:
- 1 szklanka zielonych oliwek bez pestek
- 1/4 szklanki wytrawnego wermutu (Martini)
- 2 ząbki czosnku, posiekane
- 2 łyżki kaparów
- 2 łyżki świeżej pietruszki
- 1 łyżka oliwy z oliwek

INSTRUKCJE:

a) W robocie kuchennym wymieszaj oliwki, suszony wermut, czosnek, kapary i pietruszkę.
b) Pulsuj, aż mieszanina zostanie drobno posiekana.
c) Gdy procesor pracuje, skrop oliwą z oliwek.
d) Podawaj tapenadę z krakersami lub chrupiącym pieczywem.

100. Staroświecki sos wiśniowy

SKŁADNIKI:
- 1/2 szklanki bourbona
- 1/2 szklanki świeżych lub mrożonych wiśni bez pestek
- 1/4 szklanki cukru
- 1 łyżka soku z cytryny

INSTRUKCJE:
a) W rondlu wymieszaj bourbon, wiśnie, cukier i sok z cytryny.
b) Gotuj, aż wiśnie się rozpadną, a sos zgęstnieje.
c) Podawaj sos wiśniowy do lodów lub jako dodatek do deserów.

WNIOSEK

Kończąc naszą kulinarną przygodę w „Sztuce gotowania z koktajlami", mamy nadzieję, że odkryłeś magię tkwiącą w połączeniu alkoholi i kuchni. Sztuka gotowania z koktajlami to coś więcej niż trend? to ruch kulinarny, który zachęca do myślenia poza szkłem i przekształcania codziennych posiłków w doznania dla smakoszy.

Mieszaliśmy, wstrząsaliśmy i gotowaliśmy na wolnym ogniu przez 100 przepisów, które pokazują wszechstronność i energię koktajli w kuchni. To była kreatywna podróż, od przystawek po desery. Mamy nadzieję, że w każdym rozdziale znalazłeś inspirację. Ale przygoda na tym się nie kończy.

Zachęcamy do dalszego poznawania świata miksologii i gastronomii, eksperymentowania ze smakami i technikami, aby tworzyć własne kulinarne arcydzieła. Niezależnie od tego, czy organizujesz wyjątkową kolację, spędzasz spokojny wieczór w domu, czy też robisz wrażenie na swoich gościach, sztuka gotowania za pomocą koktajli z pewnością doda Twoim posiłkom elegancji i wyrafinowania.

Dziękujemy, że dołączyłeś do nas w tej smakowitej podróży. Niech w Twojej kuchni zawsze panuje tętniący życiem barowy duch, a Twoje posiłki nadal uszlachetniają smakami koktajli. Gratulacje dla sztuki gotowania i radości, jaką wnosi na Twój stół!

Milton Keynes UK
Ingram Content Group UK Ltd.
UKHW020734181223
434584UK00016B/1305